典新訳文庫

経済学・哲学草稿

マルクス

長谷川宏訳

kobunsha classics

光文社

Title : Ökonomisch-philosophische Manuskripte

Author : Karl Marx

『経済学・哲学草稿』目次

付録

経済学・哲学草稿

まえがき

わたしは「独仏年報」誌において、ヘーゲルの法哲学を批判するという形で、法学と国家学の批判をおこなうことを予告しておいた。が、印刷に付すべく手直しをしている際に、もっぱら哲学的思考に向けられた批判と、さまざまな素材そのものの批判とを混ぜ合わせるのは、まったく不都合で、展開はぎくしゃくするし、理解に支障をきたすことが分かった。のみならず、扱うべき対象が盛り沢山で多岐にわたるため、一冊の本にまとめ上げようとすると、アフォリズム風の書きかたになりかねず、そんな叙述のしかたでは自分勝手な体系を空想していると取られかねないと思えてきた。そこで、法の批判、道徳の批判、政治の批判、等々をいくつかの独立した小冊子として展開し、最後の一篇において全体のつながりと個々の部分の関係を示すとともに、法の哲学的論究への批判をおこなうことにした。というわけで、以下の叙述において国民経済学と国家、法、道徳、市民生活などとのつながりに言及することがなくはないが、それは、国民経済学自体がそれらとはっきり関係する場合に限られる。

国民経済学に親しんだ読者には、ここでのわたしの結論が、良心的で批判的な国民経済学研究を土台としつつ、経験に根ざした分析によって得られたものであることは、改めて断る必要もあるまい。

これにたいして、「ユートピア的言説」とか、「至純の、決定的な、文句なく批判的な批判」とか、「法的であるだけでなく、社会的な、まったく社会的な社会」とか、「密集した大衆的な大衆」とか、「大衆的な大衆を導く唱導者」といった言辞をまっとうな批判家に投げつけ、もって自身の完全な無学と思想の貧弱さをおおい隠そうとする無知の批評家が相手となると話は別で、そんな批評家には、まずもってそちらのほうから、自身が神学的な内輪話を超えて世俗的な事柄についても口出ししなければならないわけを言ってもらわねばならない。

いうまでもないが、わたしはフランスやイギリスの社会主義者だけでなく、ドイツの社会主義者の仕事も利用させてもらった。しかし、経済学にかんする内容豊かで独創的なドイツ人の仕事といえば、ヴァイトリングの著作を除けば、「二十一ボーゲン」誌に載ったヘスの二、三の論文と、「独仏年報」に載ったエンゲルスの「経済学批判要綱」ぐらいしかない。（「独仏年報」には本書の基本を概括的に述べたわたしの論文も載っている。）

国民経済学に批判的に取り組んだヘスやエンゲルスのほかに、ドイツのものをもふくむ実証的な国民経済学批判作業の真の基礎をなすのは、フォイエルバッハの新しい考えかただ。なのに、フォイエルバッハの『将来の哲学の根本問題』や、論文集『アネクドータ』所収の「哲学の改革のための暫定的提言」は、あちこちで暗黙のうちに利用されているにもかかわらず、卑屈な嫉妬心から、また本物の怒りから、それらを闇に葬むろうとする正真正銘の陰謀がめぐらされているらしい。

人間主義および自然主義に立脚した実証的批判は、フォイエルバッハをもって嚆矢《こうし》とする。もの静かであるがゆえに、かえって確実に、深く、幅広く持続するのがフォイエルバッハの著作の効果だ。ヘーゲルの『精神現象学』と『論理学』以降、現実に理論上の革命へと通じる著作はそれ以外にないのだ。

この本の最終章ではヘーゲルの弁証法および哲学と対決することになったが、現代の批判的神学者たちの考えとはちがって、わたしにはこの対決がどうしても必要だと思えた。批判的神学者たちは、神学の外へ出ることがないから、ヘーゲルと対決することはなく、哲学的には中途半端な位置にとどまらざるをえない。したがって、哲学を権威と見なしてその一定部分を前提として出発するか、批判の途上で、ほかの領域での新しい識見ゆえに哲学的前提に疑いが生じた場合には、びくびくしながらこそことその前提を放棄・捨象し、自分たちが哲学的前提に隷従していたことと、隷従への腹立ちとを、それとなしに、無自覚に、言いわけがましく表明するかしかないのだ。

それとなしに無自覚に表明するさまといえば、それはまず神学者たちがたえずおのれの批判を純粋だ、純粋だ、と言いつのるところにあらわれている。のみならず、批判がその生誕の地たるヘーゲルの弁証法やドイツの哲学との対決の必要を、いいかえれば、現代の批判がおのれの限界や自然成長性を超え出ていく必要を観察者の目からも自身の目からもおおい隠すために、批判の作業はもっぱら大衆の限界を批判する十八世紀ふうの批判だけで十分だとするそのふるまいにあらわれている。最後に、以下のことも言っておこう。批判的神学者たちは、自身の哲学的前提の本質についてフォイエルバッハが新しい考えを提示したとなると、当の考えを見つけ出したのは自分であるかのようなふりをし、しかも、新しい考えを自分で組み立てることができないものだから、それをキャッチフレーズの形に仕立てて、いまだ哲学のとりこになっているもの書きたちに投げつけ、もって、自分は新しい考えの上を行くものだと勝手に思いこむ始末なのだ。ヘーゲルの弁証法についてのフォイエルバッハの批判が、いまだ十分な批判になっていないのは感じながらも、ヘーゲル弁証法のさまざまな要素をみずから組み立てなおそうとする意欲も能力もないがゆえに、フォイエルバッハの批判にさからって、ヘーゲル弁証法の諸要素を密かに、陰険に、疑わしげに主張し、たとえば、なんの前提もなしに始まる実証的な真理に間接的な証明のカテゴリーを対置し、ヘーゲル独自の形態をなにやら秘密めかして主張することになるのだ。神学的批判家たちは、哲学の側がすべてを引き受けてくれるので、自分たちは純粋さや決意や掛値なしの批判的批判についておしゃべりできるのを当然と考え、たとえばヘーゲルのある要素がフォイエルバッハに欠けているように感じたりすると、自分が真に哲学を克服した気になってしまう。かれらは「自己意識」だの「精神」だのを頭でっかちに偶像崇拝しつつも、感じる次元を超えて意識の次元へと至ることがないのだ。

こまかく見ていくと、神学者の批判は、運動の当初は進歩へと向かう現実的な要素であったとしても、その最終段階においては、古めかしい哲学的超越の、とくにヘーゲル的超越の、歪められてついには神学的な戯画にまで達した姿をさらしている。はるか昔から哲学の汚ない染《し》みであった神学が、哲学の惨めな解体を――哲学の腐敗過程を――身をもって示すという歴史の興味深い裁きを――歴史の神学にたいする復讐を――わたしは別の機会にくわしく追跡してみたく思う。

それとはちがって、哲学の本質をめぐるフォイエルバッハの新しい考えがその正しさを証明するというだけでも、どれほどに哲学的弁証法との批判的対決を必要としているかについては、以下のわたしの叙述からおのずと明らかになろう。

第一草稿

一．賃金

賃金は、資本家と労働者の敵対する闘争によって決まってくる。資本家の勝利は動かない。資本家が労働者なしで生きのびられる期間は、労働者が資本家なしで生きのびられる期間より長いからだ。資本家たちのあいだの結びつきは習慣化されていて効果的だが、労働者の結びつきは禁じられ、労働者に不利な働きをする。その上、地主と資本家は、自分たちの収入に産業上の利益を加算することができるが、労働者は、自分の勤労所得に地代も資本利子も加算することができない。だから、労働者のあいだの競争はどんどん激しくなる。こうして、労働者にとってだけは、資本と土地所有と労働の分離が、必然的な、本質的な、有害な分離となる。資本と土地所有は、抽象的に分離されたままである必要はないが、労働者の労働は、資本と土地所有から切り離されていなければならない。

労働者にとっては、資本と土地所有と労働が切り離されていることが致命的なのだ。

賃金を決定する際の、これだけは外せない最低限の基準は、労働期間中の労働者の生活が維持できることと、労働者が家族を扶養でき、労働者という種族が死に絶えないことに置かれる。通常の賃金は、アダム・スミス（一七二三～九〇）によれば、ただの人間として生きていくこと、つまり、家畜なみの生存に見合う最低線に抑えられている。

人間への需要が人間の生産をきびしく規制するのは、あらゆる商品の場合と変わらない。供給が需要を大きく上まわれば、労働者の一部は乞食や餓死へと追いこまれる。労働者が生存できるかどうかは、あらゆる商品が存在できるかどうかと同じ条件下にある。労働者は一個の商品となっているので、自分を売りつけることができれば運がいいといえる。そして、労働者の生活を左右する需要は、金持や資本家の気まぐれに左右される。供給量が需要を上まわれば、価格を構成する利潤、地代、賃金の一部が価格以下で支払われ、割に合わないその一部は生産に利用されなくなり、こうして市場価格は自然価格という中心点に引き寄せられる。しかし、㈠大規模な分業がおこなわれている所では、労働者にとって、労働を別の方向に向けることはきわめて困難であり、㈡資本家に従属せざるをえない関係にあるため、まずもって不利益を蒙《こう》むるのは労働者だ。

かくて、市場価格が自然価格に引き寄せられるときに、もっとも多くのものを無条件に失うのが労働者である。そして、資本家は、自分の資本を別の方向に向けることができるがゆえに、特定の労働部門に縛られた労働者を失業させたり、資本家としての自分のすべての要求に従わせたりできる。

偶然に、また突然に市場価格が変動するとき、地代よりも利潤や賃金の受ける影響のほうが大きいが、利潤と賃金を比べると、賃金のほうが大きな影響を受ける。どこかで賃金が上昇すると、大抵はどこかに前と変わらぬ賃金があり、そして下降する賃金がある。

労働者は、資本家がもうけるときいっしょにもうけにあずかるとは限らないが、資本家が損をすれば必ずいっしょに損をする。たとえば、資本家が製造上の秘密や商売上の秘密によって、あるいは独占や地所の好条件によって、自然価格以上の市場価格を維持できたとしても、それが労働者の得になることはない。

さらに、労働の価格は、生活用品の価格よりもずっと変動が少ない。一方が上がるのに他方が下がることも少なくない。物価高の年には、賃金は、需要の減少のために下がる一方、生活用品の値上がりのために上がる。こうしてバランスが取れるが、一定数の労働者は失業する。物価の安い年は、賃金は需要の増加ゆえに上がるが、生活用品が安くなるために下がりもして、バランスが保たれる。

労働者の不利益は以下の点にも認められる。

労働の種類によって生じる労働価格のちがいは、資本の投下される部門のちがいによる利益のちがいよりはるかに大きい。労働の場では個人の自然的・精神的・社会的な活動のちがいがまるごとおもてに出てきて報酬のちがいをもたらすのだが、生きものでない資本はつねに同一の歩調を取り、個人の現実の活動に頓着しない。

一般論として言えるのは、労働者と資本家がともに苦境にあるとき、労働者は生きていけるかどうかで苦しんでいるが、資本家は金もうけできるかどうかで苦しんでいるということだ。

労働者は物質的な生活手段を得るために苦闘しなければならないだけでなく、働き口を得るために、つまり、自分の活動を実現する可能性ないし手段を得るために、苦闘しなければならない。

わたしたちは社会の経験する主要な三つの状態を取り上げ、そこでの労働者の境遇を見ていくこととする。

㈠　社会の富が崩れていくとき、もっとも被害を蒙《こう》むるのが労働者だ。社会が順調なときでも労働者階級は所有者階級ほど利益を得るわけではないけれども、不況の苦しみを労働者階級ほど残酷に受けるものはない。

㈡　次に、富が増進する社会を取り上げる。これは労働者に有利な唯一の状態である。そこでは資本家のあいだに競争が起こり、労働者にたいする需要が供給を上まわる。しかし、一つには、賃金の上昇が超過労働の原因となる。稼《かせ》ぎを多くしようとすれば、自分の時間を犠牲にし、すべての自由を完全に放棄して、所有欲のために奴隷労働を実行しなければならない。そうやって寿命を縮《ちぢ》めることになる。労働者の短命は労働者階級全体にとっては都合のよい事態といえる。短命ゆえにつねに新たな供給が必要となるのだから。労働者階級は、全体の没落を防ぐために、その一部をつねに犠牲にしなければならないのだ。

もう一つ、社会の富が増進するのはどんな場合なのだろうか。一国の資本と資本利子が増加するような場合だ。それが可能となるには、

(α)多くの労働が寄せ集められねばならない。資本とは積み上げられた労働なのだから。となれば、労働者の生産物はますます労働者の手から奪い取られ、かれ自身の労働はますます他人の所有に帰し、かれの生存と活動の手段はますます資本家の手に集中する。

(β)資本の蓄積は分業を促進し、分業は労働者の数を増加させる。逆に、労働者の数の増加は分業を促進し、分業は資本の蓄積を大きくする。分業の促進と資本の蓄積にともなって、労働者はますます労働に依存し、特定の、きわめて一面的な、機械に類する労働に依存することになる。かくて、労働者は精神的・肉体的に機械へと格下げされ、人間であることをやめて一つの抽象的な活動体ないし胃袋となるのだが、そうなると、市場価格の変動や資本の投下や金持の気まぐれにますます左右される。同様に、ただ労働するしかない人間の増加によって、労働者間の競争が激しくなり、労働価格が引き下げられる。労働者のこうした境遇は工場労働において頂点に達する。

(γ)景気のよい社会で金利生活ができるのは大金持だけだ。そこまで行かない金持は、自分の資本で仕事を営むか、資本を商売に回すかしなければならない。こうして資本家のあいだの競争が激しくなり、資本の集中度が高まり、大資本家が小資本家を滅ぼし、以前資本家だったものの一部が労働者の階級に転落する。ために、労働の供給が高まり、またしても賃金が引き下げられるとともに、労働者は少数の大資本家にますます依存することになる。資本家の数が減少したのだから、かれらのあいだでの労働者の奪い合いはほとんどなくなるが、労働者の数は増加したのだから、かれらのあいだの競争はさらに激しく、不自然で、暴力的なものになる。こうして、労働者の一部は乞食や餓死の状態に追いこまれ、中流の資本家の一部は労働者とならざるをえない。

かくて、労働者にとって最善の社会状態においてさえ、労働者は、当然の結果として、過重労働と早死、機械への転落、危険なまでに蓄積される資本への隷属、新たな競争、仲間の一部の餓死と乞食に直面せざるをえないのだ。

賃金の上昇は労働者のうちに資本家流の金銭欲をかきたてるが、それを満たすには労働者は自分の精神と肉体を犠牲にするしかない。賃金の上昇は、資本の蓄積を前提とするが、資本の蓄積を推進もするので、ために、労働の生産物は労働者にとってますます疎遠なものとなる。同様に、分業の細密化は、労働者をますます一面的かつ従属的な存在とし、とともに、人間同士の競争だけでなく、機械との競争までも招きよせる。労働者が機械に転落したとなると、機械が競争相手になるというわけだ。最後に、資本の蓄積は、産業の量を、したがって労働者の量を増大させるから、この蓄積によって産業の量が同じでもその生産物の量が増え、過剰生産へと至る。その結果、労働者の少なくない部分が失業するか、賃金がぎりぎりの最低線に引き下げられる。

以上が労働者にとって最善の社会状態、つまり、富が増加・拡大する社会状態の帰結だ。

が、この状態もいつかはその頂点に到達せざるをえない。そのときの労働者の境遇はどんなものなのか。

(三)「富の段階がこれ以上はないほどの高さに達した国では、労働の賃金も資本の利子もきわめて低いはずだ。仕事を得るための労働者間の競争は激しく、給料は労働者の数を維持できるぎりぎりの額に引き下げられる。そして、その国の人口はすでに上限に達しているから、それ以上に増えることはないはずだ。」(アダム・スミス『国富論』第一篇、山岡訳 99ページ。以下、『国富論』のページは山岡洋一訳の上巻)増えた分は死なねばならぬというわけだ。

とすれば、下降状態の社会では労働者の貧困が進み、前進状態の社会では貧困が複雑化し、完成状態では慢性化する、といえる。

しかし、スミスによれば、多数の人が苦しむ社会はしあわせな社会ではないはずなのに、もっとも豊かな社会状態でも大多数の人は苦しみ、しかも国民経済は（一般に、私的利害を追求する社会は）もっとも豊かな状態へと向かうのだから、社会の不幸が国民経済の目的だということになる。

労働者と資本家との関係についてなお言っておけば、賃金の上昇は資本家にとっては労働時間の量的短縮によって十二分に補いがつくし、賃金の上昇と資本の利子の上昇は、商品の価格にたいしてそれぞれ単利と複利に似た形で作用を及ぼす。

ここではあくまで国民経済学の立場に立って、労働者の理論的要求と実践的要求を比較することにしよう。

労働の生産物の全体は、なりたちからしても概念的に考えても労働者に属すべきものだ、と国民経済学者は言う。が、同時に、現実には生産物のごくわずかの、必要最小限の部分しか労働者のものになっていない、とも言う。人間としてではなく労働者として生存するのに必要な部分しか、いいかえれば、人類を生み育てるのではなく、労働者という奴隷階級を生み育てるのに必要な部分しか、かれに属さない、と言う。

国民経済学者は、すべてが労働によって買われ、資本は蓄積された労働以外のなにものでもない、と言うが、同時に、労働者はすべてを買うことができるどころか、自分自身と自分の人間性を売らねばならない、と言う。

なまけものの地主の手にする地代が、大抵は農業生産物の⅓に達し、勤勉な資本家の利潤が金利の2倍にもなるというのに、労働者が受けとる余剰分は、せいぜいのところ、4人の子どものうち2人は飢えて死ぬしかない、という程度なのだ。

国民経済学者によれば、唯一、労働によってこそ人間は自然生産物の価値を高めることができるし、労働こそが活動する人間の財産なのだが、同じ国民経済学の言うところでは、たんに特権をあたえられたというだけの無為の神々である地主と資本家が、至る所で労働者の上に立ち、労働者に掟を押しつけてくるのだ。

国民経済学者によると、労働こそが物の唯一・不動の価格であるのに、労働の価格ほど偶然に左右され、大きな変動にさらされるものはない。

分業は労働の生産力を高め、社会の富と品位を高めるものなのに、その分業が労働者を貶《おとし》めて機械にしている。労働は資本を蓄積し、社会を住みよくするものなのに、その労働が労働者をますます資本家に従属させ、激しい競争へと投げこみ、過剰労働へとかりたてている。後には相応の疲弊が続くばかりだ。

国民経済学者によると、労働者の利害はけっして社会の利害と対立しないのに、社会はつねに必ず労働者の利害と対立している。

国民経済学者によると、労働者の利害が社会の利害と対立しない理由は二つあって、一つは、賃金の上昇は労働時間の量的短縮など、これまでに述べた結果によって十二分に補いがつくからであり、二つには、社会にとっては総生産の物の全体がそのまま純生産物であって、労働者個人の純所得の上昇が社会の総生産を直接に下落させはしないからだ。

しかし、労働が、現在の条件下はもちろん、そもそも富の増大だけを目的とするどんな条件下でも、有害で、災いに満ちたものであること、――国民経済学者たちは気づいていないが、それがかれらの論述から引き出される帰結なのである。

概念的にとらえると、地代と資本の利潤は賃金から差し引かれるものだ。しかし、現実には賃金のほうが差し引かれるもの――土地と資本が労働者に差し引きを許すもの――となっている。労働生産物のうち労働者ないし労働に譲りわたされるのが賃金なのだ。

社会が下降状態にあるとき、もっとも苦しむのは労働者だ。労働者は、労働者という立場からして特別の圧力を受けるが、社会の状況から来る一般的な圧力も受ける。

しかし、社会が好況の状態にあるときは、労働者が没落し貧困になるのは、かれの労働と、労働の生み出した富の結果である。したがって、この窮乏はいまある労働そのものの本質から生じたものといえる。

社会のもっとも富んだ状態は、近似的にしか実現されない理想状態だが、ともかくも国民経済学と市民社会が目的とするところではある。が、そのもとで労働者は慢性的な窮乏状態にある。

いうまでもないことだが、国民経済学はプロレタリアを——つまり、資本も地代もなく、純粋に労働によって、すなわち一面的・抽象的な労働によって生きていく人間を——労働する者としか見ない。そこで、プロレタリアは、すべての馬と同じく、働くことができる程度に稼《かせ》がねばならない。それが国民経済学の掲げる命題だ。国民経済学は働いていないときのプロレタリア——人間としてのプロレタリア——を考察の対象とすることがない。その考察は、刑事裁判所や医者や宗教や統計表や政治や乞食取り締まり官にゆだねられている。

さて、いまや国民経済学の水準を超え出て、もっぱら国民経済学のことばで語られてきたこれまでの論述をもとに、二つの問いに答えてみたい。

㈠人類の発展において、人類の大部分が抽象的労働へと追いつめられる事態はどんな意味をもつのか。

㈡賃金を引き上げることで労働者階級の境遇を改善しようとする改革家や、（プルードンのように）賃金の平等こそ社会革命の目的だと考える改革家たちは、こまかく見ていくとどんな誤りを犯しているのか。

労働は国民経済学においては営利活動の形でしかあらわれない。

「特殊な才能と長期の準備教育を必要とする仕事は、全体として収入が多くなるが、だれでも短期間に簡単に身につく単純作業に相応する賃金は、競争が激しくなると下落するし、下落せざるをえないといえる。そして、目下の労働組織の状況では、単純作業に類する労働が圧倒的多数を占めている。さて、専門職の労働者が50年前に比べて7倍の収入を得、単純作業の労働者が50年前と同じ収入を得ているとすれば、二つの収入を平均した結果は4倍の増加となる。ところが、一つの国に専門職が1000人、単純労働者が100万人いるとすれば、99万9000人は50年前より状態が良くなったとはいえず、生活必需品の価格が上がっているとすれば、状態が悪くなったといわねばならない。足して2で割る上っ面《うわつら》の平均値計算をする人は、人口の大多数を占める階級のことを直視したくないのだ。さらにいえば、賃金の多少は労働者の収入を評価する際の一要素にすぎず、収入の算定にはその安定した持続がぜひとも考慮に入れられねばならないが、いわゆる自由競争を原理とする社会では、動揺と停滞がたえずくりかえされ、安定した持続は望むべくもない。最後に、以前といまとの通常の労働時間にも注目しなければならない。たとえば、イギリスの木綿工場の場合、まさしく人手を省く機械の導入された25年前以降において、企業家の営利欲ゆえに、一日の労働時間が12時間ないし16時間に延長されている。そして、一国や一産業部門での労働時間の延長は、金持による貧乏人の無条件搾取の権利がいまだあらゆる所で承認されているがゆえに、多かれ少かれ他国や他部門に広がらざるをえなかった。」（ヴィルヘルム・シュルツ『生産の運動』一八四三年、65ページ）

「すべての社会階級の平均収入が増えたというのは誤りだが、仮りにそれが正しいものとしよう。それでも、収入の格差は大きくなり、貧富の対立は際立ってくる可能性がある。総生産が向上し、とともに欲求や欲望や要求が高まると、絶対的な貧困は減少しても、相対的な貧困は増大するからだ。シベリア北西部に住むサモエード族は、閉鎖社会のなかでみんなが同じ欲求を感じているから、魚油と生《なま》の魚さえあれば貧しくはない。しかし、たとえば10年間で社会の総生産が33％も増える前向きの国では、いまも10年前と同じ収入を得ている労働者は、同じ富を享受しているのではなく、33％だけ貧しくなっているのだ。」（同右、65～66ページ）

しかし、国民経済学の知る労働者は働く動物でしかなく、ぎりぎりの肉体的欲求を満たせばすむ家畜でしかない。

「一民族が精神的に自由な民族となるには、自分の身体的な欲求に隷属していてはならないし、肉体の奴隷であってはならない。一民族になによりも必要なのは、精神的な創造と享受に向かう時間をもつことだ。労働組織が進歩すれば、そうした時間を手にできる。実際、新しい動力が開発され、機械装置が改善された今日では、木綿工場の労働者たった一人で、以前の100人分の、いや250人分から350人分の仕事ができることも珍しくない。外界の自然力がどんどん人間の労働に取りこまれれば、すべての生産部門で同じような事態が生じるはずだ。そこで、一定量の物質的欲求を満たすために消費される時間と人力が、以前の半分で済むとすれば、いままで通りの感覚的な快適さを保ちつつ、精神的な創造と享受に向かう時間的余裕がその分だけ増えるはずだ。なのに、時間の神クロノスからわたしたちが奪い取る時間の大きさは、いまなお、盲目的で理不尽な偶然のサイコロ遊びにゆだねられている。フランスでの計算によると、現在の生産段階では、社会のすべての物質的欲求を満たすのに労働能力のある人すべてが、平均して一日に5時間働けば十分だという。……機械装置の改良によって時間が節約されるのに、工場での奴隷労働の時間は多くの人にとって長くなるばかりだ。」（シュルツ『生産の運動』、67〜68ページ）

「複雑な手仕事をなくすには、まずは手仕事をいくつかの単純作業に分解しなければならない。が、そのとき、同形式の反復作業のうち、その一部は機械化できるが、それとは別に人手をかけねばならないものもある。事柄の性質から考えても、経験則からしても、延々と続く単調な作業は精神にも肉体にも毒である。実際、機械装置のもとで多数の人間が単純な手仕事を分担するようになると、ありとあらゆる心身の疲弊がおもてに出てくる。疲弊の最たるものが、工場労働者の死亡率の増加だ。……人間がどこまで機械によって働かされるのか、またどこまで機械として働くのかは、とても同列には扱えない事柄だが、この大きなちがいがこれまでは見のがされてきたのだ。」（同右、69ページ）

「国民生活の将来において、機械のうちに働く無分別な自然力は、人間が自由に制御し支配できるものとなろう。」（同右、74ページ）

「イギリスの紡績工場では男の従業員は15万8810人にすぎず、女が19万6818人である。ランカシャー州の木綿工場の労働者の男女比は100対103だが、スコットランドのそれは100対209にも達する。リーズの亜麻工場の男女比は100対147、ドルーデンとスコットランド東海岸では100対280にも達する。イギリスの製糸工場では多くの女性が働き、力仕事の必要な羊毛工場は男のほうが多い。……北アメリカの木綿工場では一八三三年において、男1万8593人にたいして女3万8927人だった。要するに、労働組織の変化によって女性の職業活動の場が広がり、女性が経済的に自立できるようになり、男女の社会的位置が接近してきている。」（同右、71〜72ページ）

「蒸気と水を動力とするイギリスの紡績工場では一八三二年において8歳から12歳の子どもが2万558人も働き、12歳から13歳までが3万5867人、13歳から18歳までが10万8208人働いていた。……もちろん、機械の進歩によってすべての単純作業がだんだんに人間の手を離れるから、労働者の苦しみは徐々に除かれてはゆく。しかし、まさしくこうした急速な機械の進歩を妨げるものとして、資本家たちが下層階級の労働力を、子どもの労働力に至るまでまったく手軽に安い値段で手に入れることができ、機械の助けを借りる代わりに、そうした安価な労働力を利用するということがある。」（シュルツ『生産の運動』、70〜71ページ）

「ブルーム卿は労働者に向かって『資本家になれ』と叫ぶ。……しかし、悪の正体は、何百万人もの人びとが体を酷使し、道徳性と精神性をゆがめる重労働によってようやくぎりぎりの生活費を稼《かせ》げるというところにある。かれらはそんなつらい労働でさえも、それが見つかったとなればしあわせだと思わねばならないのだ。」（同右、60ページ）

「非所有者は、生きていくために、直接または間接に所有者に仕えねばならず、所有者に従属しなければならない。」（ペクール『社会・政治経済学の新理論』409ページ）

「召使は給金、労働者は賃金、使用人は俸給または報酬」（同右、409〜410ページ）

「自分の労働を賃貸しする」「自分の労働を利子つきで貸す」「他人に代わって労働

する」

「労働の材料を賃貸しする」「労働の材料を利子つきで貸す」「自分の代わりに他人を働かせる」（同右、411ページ）

「こうした経済体制は人びとにきわめて惨めな職業を強制し、人びとを欺かわしく堪えがたい堕落へと追いこむから、それに比べれば、未開人の生活でも王様の境遇に思える。」（同右、417〜418ページ）「あらゆる形を取る非所有階級の売春」（同右、421ページ以下）屑拾い。

チャールズ・ラウドン（一八〇一〜四四）は『人口問題と生活問題の解決』（パリ、一八四二年）において、イギリスでの売春婦の数を6万ないし7万としている。貞操の疑わしい女性の数も同じくらいだという（228ページ）。

「路上に立つ不幸な女たちの平均寿命は、かの女らが売春生活に入った後、およそ六、七年である。6万から7万の売春婦を維持するためには、イングランド、スコットランド、ウェールズを合わせて少なくとも毎年8000人から9000人の女性がこの賤業に身を捧げねばならない。つまり、一日に約24人の新しい犠牲者が、いいかえれば、一時間に1人の犠牲者が必要とされる。これを地球全体に押しひろげて考え

れば、つねに150万人の不幸な女性がいなければならないことになる。」（前掲書、229ページ）

「貧困者の人口は貧困の増大とともに増加していく。そして、どんづまりの極限状態に最大多数の人間がひしめいて、苦しむ権利を求めでもするかのように争い合う。……一八二一年にアイルランドの人口は680万1827人だったが、一八三一年には776万4010人になった。10年間で14％の増加である。もっとも暮らしやすいレインスター地方の人口増加は8％だったが、もっとも貧しいコンノート地方では増加が21％にも昇った（イングランドで発行されたアイルランドの調査報告からの抜粋）。」（ビュレ『イギリスとフランスにおける労働者階級の貧困について』第一巻、36～37ページ）

国民経済学は労働を抽象的に一つの物と見る。労働は商品なのだ。価格が高いのは需要が大きいからであり、低いのは供給が大きいからだ。商品と同じく労働の価格はだんだん低くなっていく。資本家と労働者との競争や労働者間の競争がその原因だ。「労働を売る労働者大衆は、生産物のごくわずかしか手にできない。……労働を商品と見なす理論は、仮面をかぶった奴隷の理論でしかない。」（同右、43ページ）「労働のうちに交換価値しか見てこなかったのはなぜか。」（同右、44ページ）大工場がとりわけ女や子どもの労働を買うのは、それらが男の労働よりも安いからである。「労働者は自由な売り手として雇用者と対面するのではない。……資本家は、労働を使用するもしないもつねに自由だが、労働者は、つねに売らないではいられない立場にある。労働をそのつど売るのでなければ、労働の価値はまったくなくなってしまう。本物の商品とちがって、労働は貯えることもできないし、節約すらできない。労働は生きものであって、毎日自分を売って食物を手に入れるのでなければ、すぐに苦しくなり滅びてしまう。人間の生命が商品となるためには、奴隷状態に甘んじなければならない。」（同右、49〜50ページ）したがって、労働が商品となるとき、それは不幸きわまりない商品となる。しかし、国民経済学の原則からしても労働は商品ではない。労働は自由な商取引の自由な結果ではないのだから。今日の経済体制は労働の価格と報酬をともども引き下げる。そこでは、完全な労働者が出来上がるが、人間の品位は失われる。（同右、52〜53ページ）「産業は戦争となり、商業は賭けとなる。」（同右、62ページ）

綿花を加工する機械は（イギリスでは）機械だけで８４００万人分の仕事をしている。産業は今日まで戦争で他国を侵略するような立場にあった。「産業は自分の軍隊の兵員の命を偉大な征服者の冷淡さをもって浪費してきた。産業の目的は富の獲得にあって、人びとの幸福にはなかった。」（ビュレ『イギリスとフランスにおける労働者階級の貧困について』第一巻、20ページ）「経済的な利害は、その赴くがままに放っておかれると、……必ずぶつかり合うことになる。利害の裁き手は戦争以外になく、戦争の裁きは一方に敗北と死を、他方に勝利を宣告する。経済学は対立する力のぶつかり合いのうちに秩序と均衡を探し求めるのであって、それによれば、絶えざる戦争こそが平和を獲得する唯一の手段である。この戦争が競争と呼ばれるものだ。」（同右、23ページ）

産業戦争で戦果を挙げるには、大量の軍隊を同一地点に結集させ、多くの死傷者が出るのを覚悟で闘わなければならない。が、この軍隊の兵士たちは、命じられた苦行を忠誠心や義務感から耐えしのぶのではなく、ただ、迫りくる飢えを逃れんがために耐えしのぶ。かれらは隊長にたいする忠誠心も謝意ももたないし、隊長のほうも部下たちになんの好意も懐いてはいない。隊長は部下を人間として見るのではなく、少ない出費で多くの利益を上げる生産の道具としか見ない。労働者という種族はだんだん追いつめられて、いつでも使ってもらえるという安心感さえもたなくなる。労働者を呼び集める産業は、労働者を必要なあいだだけは生かしておくが、要らなくなると、さっさと見捨ててしまう。そこで労働者たちは自分の人格と能力を相手の言うがままの値段で提供せざるをえない。あたえられた労働が長く、苦しく、不快であればあるほど、支払われる額は少なくなる。一日に16時間もの苦しい労働を続けた上で、かろうじて死なない権利を買いとる労働者もいるのだ。」（同右、68～69ページ）

「手織り職人の状況を調査した委員の共有する確信は、わたしたちの確信でもある。大産業都市においては、近隣の村から健康な人間と新しい血の供給をたえず受けいれるのでなければ、わずかのあいだに労働人口がいなくなってしまうだろう、というのがその確信だ。」（同右、362ページ）

二．資本の利潤

1．資本

㈠他人の労働の生産物を自分の私有物にする資本は、なにを根拠に存在するのか。

「資本が盗みや横領にもとづくわけではないとしても、相続財産を正当化するには立法の協力が必要である。」（セイ『経済学概論』第一巻、136ページ）

人はどのようにして生産資金の所有者になるのか。どのようにして、この資金によって作られた生産物の所有者になるのか。

実定法によってなるのだ。（同右、第二巻、4ページ）

資本によって、たとえば、大きな財産の相続によって、なにが得られるのか。

たとえば大きな財産を相続した人は、それによって直接に政治権力を獲得するのではない。この所有によって直接かれにもたらされる権力は、ものを買う力であり、そのとき市場に存在する他人のすべての労働と、労働のすべての産物とにたいする命令権である。（アダム・スミス『国富論』第一篇、33ページ）

したがって、資本とは労働と労働生産物にたいする支配である。資本家は自分の個人的・人間的な性質のゆえではなく、資本の所有者であるかぎりで、この権力を所有する。資本のもつ購買の力にはなにものも抵抗できないのであって、この購買力がかれの権力である。

わたしたちはのちに、まず資本家が資本を通じていかに労働への統治権を行使するかを観察し、ついで、資本の統治権がいかに資本家を統治するかを観察するつもりだ。

資本とはなにか。

「蓄積され貯蔵された一定量の労働である。」（同右、第一篇、338ページ）資本とは労働の蓄積されたものだ。

(二)　資金ないし基金とは、土地の産物と工業労働の産物とを集積したもののことだ。元手がその所有者に収入や利得をもたらす場合にかぎって、それは資本と呼ばれる。（同右、第二篇、280～281ページ）

2. 資本の利益

資本の利潤ないし利益は賃金とはまったくちがう。このちがいは二重のしかたで示される。第一に、さまざまな資本のもとでの監督や指導の労働が同じであっても、資本の利益は、投下された資本の価値に全面的に左右される。第二にいえるのは、大工場では監督・指導の労働すべてが一人の責任者に委《まか》せられるが、その俸給はかれがその運用を監視する資本の大きさとはなんの関係もない。ところで、工場所有者の労働はほとんどゼロに等しいが、かれは自分の資本に比例した利潤を要求する。(『国富論』第一篇、51〜52ページ)

資本家はなぜ資本に見合う利益を要求するのか。

資本家は、賃金として前払いされた資金を埋め合わせるのに必要な額以上のものを、製品の販売によって得る見こみがなかったら、労働者を雇おうなどとは思わないだろうし、得られる利潤が自分の投じた資金の額に比例するようでなかったら、あえて多額の資金を投じようなどとは思わないだろう。(同右、51ページ)

かくて、資本家は第一に給料を相手に、第二に前払いされた原料を相手に、利益を引き出す。

その利益は資本の大きさとどう関係するのか。

特定の場所と時期における賃金の、通常の平均的な額を決めることからしてむずかしいが、資本の利益を決めるのはもっとむずかしい。資本の扱う商品の価格の変化や、競争相手や取引先をめぐる運・不運や、輸送中にも倉庫のなかでも商品に生じるさまざまな事故などが、一日ごとに、いや、時間単位で、利潤を変動させる（同右、92ページ）。とすれば、資本の利益を厳密に算定するのは不可能だが、貨幣利子をもとにおおよそのところをつかむことはできる。貨幣による利益が大きければ、貨幣を使う能力にたいして多くの利子が支払われ、貨幣による利益が小さければ、支払いも小さくなる（同右、93ページ）。純粋な利益の額にたいする通常の利子額の比率は、利益が増えたり減ったりすれば、当然にも変動する。イギリスでは、利子の2倍が商人たちによって正当な利潤、適度な利潤、無理のない利潤と呼ばれている。それが普通の利潤、通常の利潤だということだ。（同右、101～102ページ）

利益の最低額はいくらで、最高額はいくらなのか。

資本の通常利益の最低額は、どんな資本の利用にもつきまとう偶然の損失を補うのに必要な額を、いくらか上まわるものでなければならない。この余剰分が、本来の利益または純粋利益である。利子率の最低値についても同じことがいえる。(『国富論』第一篇、100～101ページ)

通常の利益の到達しうる最高額は、大多数の商品において、地代の全体が引き去られ、供給された商品にふくまれる賃金が最低価格に——労働期間中の労働者がぎりぎり生きていける価格に——抑えられたときの額である。労働者は、日々の労働に雇われているかぎり、なんらかの形でつねに食い扶持をあたえられねばならないが、地代はゼロになることもある。例としては、東インド会社の従業員のベンガルでの事業が考えられる。(同右、101ページ)

東インド会社の場合、資本家は競争の少ない利点を存分に利用できるだけでなく、まっとうなやりかたで市場価格を自然価格以上に保つことができる。

まっとうなやりかたの一つに、市場が関係者から遠く離れている場合の、商業上の秘密によるもの——つまり、価格の変動や自然価格を超えた上昇を秘密にしておくこと——がある。この秘密保持によって、他の資本家たちが当該部門に資本を投じないという利点が生まれる。

もう一つは、工場にかかわる秘密によるもので、資本家は競争相手より低い生産コストで生産した商品を、同一価格または低い価格で売って高い利潤を得るというものだ。（秘密保持による欺瞞は不道徳ではないのか。株式市場の取引はどうか。）さらには、生産が特定の地域に限定されていて（たとえば、高価なワインのように）有効需要がけっして満たされない場合もある。最後に、個人や会社の独占による場合もある。独占価格ほど高いものはない。（同右、63〜65ページ）

資本の利益率を上昇させる偶然の原因は、まだほかにもある。新しい領土や新しい商業部門の獲得によって、富める国においても、資本の利益率がしばしば上昇する。新しい商業部門が生まれると、資本の一部が古い商業部門から撤退し、競争が緩和され、市場にもちこまれる商品が少なくなって、商品の価格が上昇するからだ。こうした商品を扱う商人は、借入金にたいして高い利子を払うことができる。（同右、97〜98ページ）

商品が工場で加工される度合いが大きくなると、価格のうち賃金と利潤に当てられる部分が、地代に当てられる部分に比べて大きくなる。当の商品を生産する手工業が進歩するにつれて、利潤を生む手工業の数が増えるだけでなく、後の段階の生む利益が前の段階の利益よりも大きくなる。利益の源泉たる資本が、後の段階に行くほどだんだん大きくならざるをえないからだ。たとえば、亜麻布紡績工を働かせる資本よりも、亜麻布織工を働かせる資本のほうが大きい。織工場の資本は紡績工場の資本をその利益ともども補塡するだけでなく、紡績工の給料をも支払うからだ。そして、利益はつねに資本の大きさとなんらかの比例関係にあるからだ。（『国富論』第一篇、54ページ）

自然の産物や加工された自然の産物に加えられる人間の労働が進歩すると、賃金は上昇しないが、利益を生む資本の数は増え、以前の資本にたいする後続の資本の比率が大きくなる。

資本家が分業から引き出す利益についてはのちに見ることにする。

資本家は、第一に分業から、第二に自然の産物に加わる人間労働の進歩から、利益を得る。人間が商品に手をかければかけるほど、死せる資本のもうけは大きくなる。

同一の社会においては、資本の平均的な利益率は業種による差が賃金ほど大きくはない（同右、117〜118ページ）。資本の利用先のちがいによって通常の利益率に変動が生じるのは、資本の回収が確実かどうかによる。「利益率はリスクが大きいほど大きく

なるが、そこに完全な比例がなりたつわけではない。」（同右、117ページ）

いうまでもないが、資本の利益率は流通手段の軽量化や費用軽減（たとえば紙幣の使用）によっても上昇する。

3．労働にたいする資本の支配と資本家の動機

資本の所有者が資本を農業に投じるか、製造業に投じるか、それとも卸売業や小売業の特殊な部門に投じるかを決める動機としては、自分がどれだけの利潤を得られるかという観点しかない。さまざまな資本利用の一つ一つがどれだけの生産労働を活動させるか、とか、自国の領地や労働の年生産物にどれほどの価値を付加するのか、といった計算はかれの念頭にはない。（同右、第二篇、384ページ）

資本家にとってもっとも有効な資本の利用は、安全性が確保できた上で最大の利益をもたらすような利用だ。が、この利用は、社会にとってもっとも有効だとは限らない。社会にとってもっとも有効なのは、生産的な自然力から利益を引き出すような利用である。（セイ『経済学概論』第二巻、131ページ）

労働をどう運用するかについて、そのもっとも重要な点は、資本を投じる人びとの計画と思惑によって決められ導かれる。そして、かれらがあらゆる計画と運用においてねらいとする目的は、利潤である。だが、利潤率は、地代や賃金とちがって、社会の繁栄とともに上昇するのでもなければ、社会の衰退とともに下落するのでもない。反対に、普通は、富んだ国では利潤率が低く、貧しい国では利潤率が高い。まっしぐらに破滅へと向かう国ほど利潤率の高い所はない。つまり、資本家階級の利害は、労働者階級や地主階級の利害とちがって、社会の一般的利害と直接に結びついてはいない。……特定の商業部門や製造業部門を営む人びとの利害は、ある点では、つねに公衆の利害とは異なっているし、しばしば敵対さえする。商人の関心は、つねに、市場を大きくすることと、売り手の競争を制限することに向けられている。……商人とは、その利害が社会の利害とぴったり一致することがなく、一般にいって、公衆をだましたり出しぬいたりすることに関心をもつ人びとの階級である。(『国富論』第一篇、273〜274ページ)

4．資本の蓄積と資本家のあいだの競争

資本の増加は、賃金を上昇させるとともに、資本家間の競争を招いて資本家の利益を減少させる傾向がある。（同右、92ページ）

「ある町の食料雑貨業に必要な資本が、二つの別々の食料雑貨業者に分けられているとすれば、そこに競争が起こって、二人の各々は資本が一人だけの手に握られている場合よりも品物を安く売ろうとするだろう。そして、資本が20人の業者に分けられているとすれば、それだけ競争は激しくなり、商品の価格の引き上げについてたがいに同意できる可能性は、それだけ小さくなろう。」（同右、第二篇、371ページ）

すでに見たように、独占価格こそが可能な最高値を示す。そして国民経済学の観点からすると、資本家の利害は社会と敵対し、資本の利益率の上昇は商品の価格にたいして複利のように影響を及ぼすのだから（同右、第一篇、101〜103ページ）、資本家の動きを抑えて人びとを助けてくれるものとしては、競争しかない。国民経済学の教えによれば、競争こそは賃金を上昇させてもくれるし、消費者大衆のために商品の値段を下げてもくれるのである。

とはいえ、競争が可能なのは、資本が増加し、しかも多くの人の手に握られる場合に限られる。ところで、資本は蓄積によってしか生じないから、多くの資本が生じるには多方面で蓄積がなされねばならない。が、多方面の蓄積は必ず少数者の蓄積へと転じてしまう。資本のあいだの競争は資本のあいだでの蓄積を増大させる。そして、資本がその自然な流れのままに放っておかれると、私有財産の支配の下では、蓄積は、必然と結果として、少数者のもとへの資本の集中という事態を招く。競争を通じて初めて、資本はその本性をあからさまにするのだ。

わたしたちはすでに、資本の利益が資本の大きさに比例すると聞いている。とすると、意図的な競争をまったく度外視して考えれば、大きな資本は、その大きさに比例して、小さな資本よりも蓄積の速度が速いといえる。

だとすると、競争をまったく度外視しても、大資本の蓄積は小資本の蓄積よりもずっと速いといえる。が、その経過をさらに追ってみよう。

資本の増加にともなって競争が激しくなり、資本の利潤は小さくなる。すると、まず小さな資本家が被害を受ける。

資本の増加と資本の数の増加は、国の富が大きくなるところでしか起こらない。

「富がきわめて高水準に達した国では、通常の利益率がきわめて低くなり、資本の利益によって支払える金利も低くなるから、よほどの金持でなければ金利では生きていけなくなる。並の資本家はすべて、自分の資本を投じて事業を営むか、なんらかの商業部門に関与するかしなければならない。」（『国富論』第　篇、101ページ）

これこそ国民経済学のお気に入りの状態である。

「資本の総額と収入の総額との比率が至る所で勤勉と怠惰の比率を決定する。資本が勝利する所では勤勉が支配し、収入が勝利する所では怠惰が支配する。」（同右、第二篇、345ページ）

さて、競争の激化のなかで資本の利用はどうなるのか。

「資本の増加とともに利子つきで貸しつけられる資金の量もしだいに増加せざるをえない。こうした資金の増加とともに金利は低下する。なぜなら、㈠あらゆる商品はその量の増加につれて市場価格が下落するからだし、㈡一国の資本量の増加とともに、新しい資本を有利に投資することがだんだんむずかしくなるからだ。資本の所有者は、他の資本の支配下にある事業をわがものにしようと全力を傾けるから、さまざまな資本のあいだの競争が激化する。しかし、ほかの資本を追い出すには、条件のいい取引を提案する以外にはない。扱う商品を安く売るだけでなく、販売する商品を入手するために高く買わねばならないことも少なくない。生産労働を維持するための資金が多くなれば、労働の需要が大きくなる。労働者は容易に仕事を見つけられるが、資本家は労働者を見つけるのがむずかしくなる。資本家のあいだの競争は賃金を上昇させ、利益率を下降させる。」（『国富論』第二篇、362ページ）

かくて、小資本家たちは、㈠もはや金利では生きていけないのだから、自分の資本を食い尽くして資本家であることをやめるか、㈡ある事業に手を出し、大資本家よりも商品を安く売り、高く買い、高い賃金を払うかしかない。㈡の場合、激しい競争ゆえに市場価格はすでに低く抑えられているから、破産へと向かわざるをえない。これにたいして、大資本家が小資本家を駆逐しようとすれば、かれは資本家が労働者にたいしてもつすべての利点を、小資本家にたいしてももっている。利益率の小ささは資本の量の大きさによって補いがつくし、一時的な損失を蒙《こう》むっても、小資本家が破産して競争から解放されるまでの期間をもちこたえることができる。こうして、小資本家の得た利益がみずからの蓄積となる。

さらにいえば、大資本家は大量に仕入れるのだから、小資本家よりつねに安く買うことになる。だから、安く売っても損にはならない。

だが、金利の下落によって並の資本家が金利生活者から事業家に転じると、事業資本が増加し、利益率が小さくなって、金利はさらに下降する。

「資本の使用から引き出せる利益が減少するとともに、当然ながら、資本の使用にたいして支払われる価格も減少する」（同右、362〜363ページ）

「富と勤勉さと人口が増大すると、金利ないし、資本の利益率は減少する。しかし、資本そのものは利益率の減少にもかかわらず増加するし、以前よりも急速に増加する。……大資本は利益率が小さい場合でも、利益率の大きいときの小資本よりも、一般に急速に増加していく。諺にいうように、金《かね》が金《かね》を生むのだ。」（同右、第一篇、97ページ）

とすると、激しい競争という前提条件のもとでは、小資本の利益率も小さいから、そんな小資本が大資本に立ち向かえば、小資本は完膚なきまでに叩きつぶされる。

また、こうした競争のもとでは、大都市で見られるように、商品の一般的劣化、粗悪化、偽造、一般的汚染などが必然的に生じてくる。

さらに、大資本と小資本の競争のもとでの重要事項として、固定資本と流動資本の関係がある。

流動資本とは、生活手段の生産や製造業や商業に投じられる資本である。そのような資本は、資本家の手元にとどまっていたり、同じ形のまま存続していたりするかぎりでは、資本家に収入も利潤ももたらさない。それは一定の形を取ってたえずかれの手を抜け出し、別の形を取ってもどってくるので、こうした流通と継続的な変転ないし交換によって利潤をもたらす。固定資本とは、土地の改良や、機械、道具、手工具の購入その他に投じられる資本である。（『国富論』第二篇、280〜281ページ）

「固定資本の維持費を節約できれば、必ず純利益が増加する。各企業家の総資本は固定資本と流動資本とに分かれざるをえない。総額が同じならば、一方が小さくなれば他方が大きくなる。流動資本は労働の材料や給料を提供し、産業を活動させる。したがって、労働の生産力を低下させることなく固定資本を節約できれば、基金は大きくなる。」（同右、296ページ）

固定資本と流動資本の関係が小資本家よりも大資本家にとってはるかに有利であるのは、くどくど説明するまでもない。大銀行家は小銀行家よりほんの少し固定資本を増やすだけでよい。大土地所有者の道具は、土地の大きさに比例して増えるわけではない。同様に、大資本家は信用も大きいから、固定資本を——つまり、いつでも使えるようにしておかねばならぬお金を——大幅に節約できる。最後に、当然のことながら、産業労働が高度の段階に達し、ほとんどすべての手仕事が工場での労働となっている場合、小資本家にとっては、その全資本をもってしても必要な固定資本をまかなうのに十分ではない。周知のように、大規模農業における労働は、通常、ごくわずかの人手しか必要とはしないのだ。

一般に大資本の蓄積に際しては、小資本家の場合に比べると、固定資本の集中と単一化の度合いも大きい。大資本家は労働器具の組織化というべきものに進んで手を出す。

「同様に、工業の領域において、あらゆる製造所や工場が、生産という共通の目的のために、大量の物的資産と多種多様な知的能力や技術的熟練とを大きく結びつける。……法律によって大規模な土地所有が認められているところでは、増加する人口の過剰部分は商工業へと追いやられ、イギリスのように、主として工業部門にプロレタリアの大部分が集まることになる。一方、法律によって土地のたえまない分割が許されているところでは、フランスの場合のように、負債を背負った小土地所有者の数が増え、かれらはさらなる土地の細分化によって、貧しく不満の多い階級へと投げこまれる。最終的にこの細分化と債務超過が大きく進行すると、ちょうど大工業が小工業を粉砕するように、大土地所有が小土地所有を呑みこんでしまう。そうなると、再び土地が大きくまとめあげられ、土地の耕作に直接に必要とされない多数の無産労働者が再び工業へと追いやられる。」（シュルツ『生産の運動』58～59ページ）

「同じ種類の商品が、生産法の変化によって、とくに機械装置の導入によって、ちがった性質のものになる。人力を排除することによって初めて、3シリング8ペンスの価値をもつ1ポンドの綿から、167イギリスマイル（36ドイツマイル）の長さと25ギニーの市場価値をもつ350ツァスペルの糸を紡ぎ出すことが可能となった。」（同右、62ページ）

「イギリスでは45年前と比べると、綿織物の価格が平均1／12に下がっている。マーシャルの計算によると、一八一四年に16シリングだった製品が30年後のいまは1シリング10ペンスで提供されるという。工業製品が安くなれば、国内での消費も国外での販売も増える。そして、それと連動する事実だが、イギリスでは機械の導入によって綿織物の労働者は減るどころか、4万人から150万人に増えている。さて、企業家と労働者の所得についていえば、工場主のあいだの競争によって工場主の利益率はその提供する生産物の量の増大とともに減少せざるをえない。一八二〇年から一八三三年にかけて、マンチェスターの工場主の総利益はキャラコ一枚につき、4シリング1⅓ペンスから1シリング9ペンスに低下した。しかし、この損失を埋め合わせるべく製造の総量がさらに増やされた。そして、その結果として、個々の工業部門で部分的な過剰生産が生じ、あちこちの工場が破産した。こうして、資本家と工場主の階級の内部に所有の不安定と波立ちが生じ、経済的に破綻した人の一部はプロレタリア階級に投げこまれるし、また、突然の作業中止や作業縮小がしばしば生じて、賃金労働者階級はひどい目に遭わされた。」（同右、62〜63ページ）

「自分の労働を賃貸しすることは奴隷生活を始めることだ。労働の材料を賃貸しすることは自由を打ち立てることだ。労働するのは人間だが、材料は人間的なものをふくまない。」（ペクール『社会・政治経済学の新理論』411〜412ページ）

「材料という要素は、労働というもう一つの要素がなければ、富の創造になんの力も発揮できないが、材料の所有者たちにとっては、かれがみずからそこに不可欠の要素（労働）を投入したかのように、富を増殖させる魔術的な力を備えてくる。」（同右、

411～412ページ)「労働者の日々の労働が年平均約400フランの収入をかれにもたらし、その額で一人の成人がなんとか生きていけるものとすれば、地代、小作料、家賃その他で2000フランを得ている人は、その一人一人が間接的に5人の人を自分のために働かせていることになる。10万フランの地代を得ている人は250人分の労働を得ているし、100万フランを得ている人は2500人分の労働に当たる(とすると3億フランのルイ・フィリップは75万人分の労働に当たる)。」(同右、412～413ページ)

「人びとの定める法律によって、所有者は、すべての労働の材料を使用し濫用する権利を、つまり、自分の好き勝手に扱う権利を得た。……とはいえ、非所有者たちにたいして、適切に変わらず労働を提供することなど義務づけられてはいないし、つねに十分な給料を支払う義務を負っているわけでもない。」(同右、415ページ)「生産のありさま、量、質、機会について人はまったく自由であり、富の使用や消費についても、労働材料の処理についてもまったく自由である。各人は自分の個人的な利害だけを考慮して、自分の物を自分の好きなように交換できる。」(同右、413ページ)

「競争とは任意の交換を表現するものにすぎず、任意の交換は交換で、すべての生産道具の使用と濫用という個人の権利の、直接的かつ論理的な結果である。使用と濫用の権利、交換の自由、自由競争という三つの要素は一体をなしていて、それが以下のような結果を引き出す。各人は好きなものを、好きなように、好きなときに、好きな所で生産する。生産されたものは良かったり悪かったり、多すぎたり不十分だったり、早すぎたり遅すぎたり、高すぎたり安すぎたりだが、各人は売るかどうか、だれに売るか、どう売るか、いつ、どこで売るかは考えない。買うことについても同じことがいえる。生産者は必要と資源、需要と供給のことを考えず、好きなときにできるときに、好きな所で、好きな人に、好きな値段で売る。買う場合も同じことだ。いずれの場合も、つねに偶然に翻弄され、もっとも強く、もっとも余裕があり、もっとも豊かなものの法が支配する。……一方に富の欠乏があれば、他方にあり余る富と浪費がある。生産者のなかには、大量に高く売って莫大な利益を得るものもいれば、なにも売れなかったり損をして売るものもいる。……供給は需要のことを考えず、需要は供給のことを考えない。あなたが、消費者大衆のうちに示される趣味や流行を当てにして生産したとしよう。しかし、あなたがいよいよ商品を売ろうとするときには、人びとの好みは別種のものに移ってしまっている。……どうしようもない結果として、破産が永続し一般化し、誤算や突然の破滅や思いがけない幸運が生じ、商業の危機、失業、周期的過剰と欠乏が生じる。さらには、賃金と利潤の不安定と低下が生じ、激しい競争の下での富と時間と労力の途方もない消耗ないし浪費が生じる。」（ペクール『社会・政治経済学の新理論』、414〜416ページ）

リカード（一七七三〜一八四二）は『経済学と課税の原理』の「第二章、地代」でこう述べている。国民は生産の作業場にすぎず、人間は消費と生産の機械である。人間の生命は一つの資本である。経済法則が世界を盲目的に支配している、と。リカードにとって、人間はなにものでもなく、生産物がすべてである。第26章をフランス語訳から引く。「2万フランの資本で年に2000フランの利潤を得る人は、自分の資本で100人が雇われるか1000人が雇われるかにはまったく関心がない。一国民の現実的な利害も同じではなかろうか。国民の純収入ないし実質収入が同じであり、小作料や利潤が同じであるなら、国民を構成するのが1000万人の個人であるか100万人の個人であるかはどうでもよいことではなかろうか。」シスモンディ氏は『新経済学原理』（第二巻、331ページ）でこう述べている。「望めることといったら、国王が一人で島にとどまって、たえずハンドルを回し、ロボットによってイギリスの全作業がおこなわれるようにすることしかない。」

「ぎりぎりの必要を満たすだけという安い値段で労働者の労働を買う雇い主は、給料の不十分さについても、超時間労働についても責任がない。かれ自身も自分の設定した法に従っているのだから。……貧困をもたらすのは人間ではなく、物の力なのだ。」（ビュレ『イギリスとフランスにおける労働者階級の貧困について』82ページ）

「イングランドの多くの地域では、住民が、土地を完全に耕作するだけの資本をもっていない。スコットランドの南部の州では、羊毛加工のために必要な資本が生産地にないため、羊毛の大部分が悪路を通って長旅をし、ヨークシャーまで運ばれて加工されねばならない。イングランドの小さな工業都市では、作った工業製品を需要と消費の見こまれる遠くの市場まで輸送するための資本を、住民がもっていない所が少なくない。商人はいるが、かれらは二、三の大都市にすむ大商人の代理人にすぎない。」（スミス『国富論』第二篇、375ページ）「土地と労働の作り出す年間生産物の価値を増やすには、生産労働者の数を増やすか、すでに雇われている労働者の生産能力を増やすかのいずれかしか方法はない。……いずれの場合にも、ほとんどつねに資本の追加が必要となる」（同右、351ページ）

「事柄の本性上、資本の蓄積は分業に先行しなければならないのだから、資本が蓄積される度合いに応じてしか分業は先へと進まない。労働が細分化されるにつれて、同じ数の人間の手で加工できる材料の量が増加する。そして、労働者一人一人の課題はだんだんに単純化されていくから、その課題を容易にし簡略にする新しい機械が、次々と発明される。したがって、分業が広がっていくと、同じ数の労働者をたえず雇っておくためには、これまでと同量の生活手段を準備するとともに、分業が未発展のときに必要だったものより、ずっと多くの材料、道具、手工具をあらかじめ準備しておかねばならない。各作業部門での労働者の数は、分業の発展とともに増加する。というか、労働者数の増加こそが、労働者の分類と細分化を可能にするのだ。」（『国富論』第二篇、277〜278ページ）

「まずもって資本が蓄積されていなければ労働の生産力が大きく広がることはありえないが、同時にまた、資本の蓄積があれば労働の生産力が拡大していくのは自然の勢いといえる。資本家は、その資本によってできるだけ多量の製品を生産しようとするから、労働者にもっとも効率的に仕事を配分し、最優秀の機械をあてがおうとする。この二つの点で資本家がどこまで成功するかは、資本をどこまで拡大でき、その資本でどれだけの人間を雇えるかが決め手となる。したがって、一つの国において、労働者を雇う資本の増加とともに、労働の量が増加するだけでなく、同じ量の労働によって生産される製品の量も格段に増加するのである。」（同右、278ページ）かくて過剰生産が生じる。

「工業と商業において大がかりな生産力の結合が生じるのは、……大規模な企業のもとで大量かつ多様な人間力と自然力が統一されるからだ。また、……生産の主要部門間の統一がすでにあちこちに見られる。実際、大工業主たちは、自分たちの工業に必要な原料を一部だけでも第三者から買わないで済むよう、大きな土地の所有者になろうとする。あるいは、工業部門の事業に商業を結びつけ、自分の製品を販売するだけでなく、他の種類の生産物を買いつけて配下の労働者に売ったりする。一人の工場主が最大で1万から1万2000人の労働者を従えるイギリスでは、すでにさまざまな生産部門が一個の知性の指導のもとに結びつけられ、国家のなかの一小国家ないし一州をなすことも珍しくない。こうして、近年では、バーミンガム近郊の鉱山所有者が、以前にはいろいろな企業家や所有者に分散されていた鉄製造の過程の全体を一手に引き受けている。（「ドイツ季報」一八三八年、第三号掲載の「バーミンガムの鉱山地帯」参照）。――最後に、とても数の多くなった大きな株式企業のもとで、多くの関係者たちの金力と、仕事の遂行を引き受けた人びとの科学的・技術的な知識および能力とが大きく結びつくのが見られる。それによって資本家たちはさまざまに経費を節約できるし、節約分を農業や工業や商業の生産に回して利益を多面的なものにするとともに、農業、工業、商業のあいだの利害の対立を緩和し、一つに融和することができる。とはいえ、このように資本をありとあらゆる形で有効に利用できるようになったがために、有産階級と無産階級の対立が激化せざるをえない。」（シュルツ『生産の運動』40〜41ページ）

人びとが窮乏すると、家主はそこから途方もない利益を引き出す。家賃は産業的窮乏と反比例の関係にある。

同様に、落ちぶれたプロレタリアの悪徳（売春、酒びたり、質屋通い）からも利益が引き出される。

資本と土地所有が一人の手のなかで結びついたり、大きな資本がさまざまな生産部門を統一することができるなら、資本の蓄積は増大し、資本間の競争は減少する。

資本の人間にたいする無関心。スミスのいう20枚の富くじ。

セイのいう純収入と総収入。

三　地代

地主の権利は略奪に発している（セイ『経済学概論』第一巻、136ページ）。地主たちは、すべての人間と同様、自分が種をまかなかった所でも収穫したがるし、土地の自然な産物にたいしても地代を要求する。（スミス『国富論』第一篇、52ページ）
「地代は、地主が土地の改良に必要とした資本にたいする利益にすぎない、という考えもなりたつかもしれない。……実際、部分的にそういえる場合もなくはない。……しかし、地主は、㈠改良しない土地にも地代を要求するし、改良の経費にたいする利子ないし利益と見なせるのは、大抵の場合、未改良の土地の地代に上乗せされるものにすぎない。㈡その上、改良は地主の資金によってなされるとは限らず、借地人の資金でなされる場合も少なくない。にもかかわらず、借地契約の更新に当たって、地主は、改良のすべてが自分の資金でなされたかのように、地代の引き上げを要求するのが普通だ。㈢それだけでなく、地主は、人間の手ではおよそ改良の余地などないものにたいしてさえも、よく地代を要求する。」（『国富論』第一篇、152〜153ページ）

三番目の要求の例として、スミスはオカヒジキの例を挙げる。「海草の一種で、燃やすとガラスや石鹸の製造に役立つヨード灰を取ることができる。イギリスの、とくにスコットランドのあちこちに生育するが、生育場所は、潮の干満が激しく、一日に2回海水に浸る岩に限られる。だから人間の努力によって生産が増えることなどけっしてなかったのだが、この海草の生育する土地の所有者は、穀物畑と変わらないほどの地代を要求する。シェトランド諸島の近海は魚がとくに豊かで、住民の多くが漁業で暮らしを立てている。しかし、海産物から利益を引き出すためには、海の近くに住まなければならない。そこの地代は、借地人が土地から得るものに比例するのではなく、土地と海の両方から得るものに比例する。」（同右、153ページ）

「地代とは、地主が借地人に使用を許可した、土地の自然力から生じるものと見なされる。地代の高低は自然力の大小によって、いいかえれば、土地が自然のままで、あるいは人為のおかげで、どこまで肥沃であるかによって決まってくる。地代とは、

人間の仕事と見なせるものをすべて差し引いたあとに残る、自然の仕事の部分である。」（同右、第二篇、373ページ）

「地代を土地の使用にたいして支払われる価格だと考えたとき、当然ながら、それは独占価格である。地主が土地改良に投下した資本に比例はしないし、地主の損失にならないよう設定された額でもない。それは借地人が損をしないで支払いうる最高限度額となる。」（同右、第一篇、153ページ）

「三つの生産階級のうち、地主階級は、収入を得るのに労働もしないし配慮もめぐらさない階級である。収入がいわばひとりでにやってくるので、意図や計画を付け加える必要がないのだ。」（同右、272ページ）

すでに見たように、地代の額は土地が肥沃かどうかに左右される。

その決定に与《あず》かるもう一つの要素は土地の位置だ。

「地代は、土地の生産物がなんであれ、土地の肥沃度によって変化するし、肥沃度がどうであれ、その位置によって変化する。」（同右、156ページ）

「土地、鉱山、漁場の肥沃度が同じであれば、そこでの生産物の量は、耕作や採取に使用される資本の大きさと、使いかたの巧みさに比例する。同量の資本が同じ巧み

さで使用されれば、生産物の量は土地、鉱山、漁場の自然な肥沃度に比例する。」（『国富論』第二篇、287ページ）

スミスのこの命題は重要だ。というのも、同じ生産コストと同じ規模の生産の場合、地代の大きさは土地の肥沃度の大小によって決まるとされているからだ。土地の肥沃度を地主の特性に変えてしまう国民経済学の概念の誤まりが、ここにはっきりと示されている。

さて、地代が現実の交渉のなかでどう形成されるかを見ていこう。

地代は借地人と地主との闘争によって決まってくる。国民経済学の至る所で、利害の敵対的対立や闘いや戦争が、社会組織の基礎として承認されているのが分かる。

地主と借地人とはどう向き合うのかを見ていこう。

「地主は借地契約を結ぶに当たって、借地人の利益をできるだけ抑えようとする。すなわち、種子を用意し、労働の賃金を支払い、家畜や道具を買い維持するための資本を埋め合わせた上で、その地域で農業資本が得る通常の利益しか獲得できない額に抑えようとするのだ。明らかにこれは、借り手が損はしていないと満足できる最低の額だが、地主たちが借地人の取り分をもっと増やしてやろうと思うことはめったにない。生産物ないしその価格のうち、必要経費と通常利益を超えた部分については、それがどんな性質のものであれ、地主は地代として獲得しようとする。つまり、地代は借地人が土地の現状からして支払いうる最高の額ということになる。この余剰分がつねに自然な地代と見なされる。つまり、大部分の土地について、それが賃貸しされるときの自然な賃貸料となる。」（同右、第一篇、152ページ）

セイは言う。「地主は借地人にたいしてある種の独占者だ。土地という地主の商品にたいする需要はどこまでも広がりうる。が、商品の量の広がりには一定の限度がある。……だから、地主と借地人とのあいだで結ばれる取引は、つねに、地主にとって可能なかぎり有利である。……地主は土地という所有物の性質からくる有利さのほかに、その地位、大きな資産、信用、名声からも有利さを引き出す。土地の性質からくる有利さだけでも大変なものだ。土地が好条件下にあることだけからでも、かれはつねに利益をおさめうるのだから。運河と道路の開通や、一地方の人口と福祉の向上によって、つねに借地価格は上昇する。……借地人は自分の費用で土地を改良することができるが、この資本から利益を引き出せるのは土地を借りているあいだだけで、契約が切れると利益は地主のものになってしまう。この瞬間から、地主は前払いをしなかったのに利益にあずかる。いまや借地料がその分だけ値上がりするのだから。」（セイ『経済学概論』第二巻、142～143ページ）

「地代は、土地の使用にたいして支払われる価格だと見なすとき、その土地の現状において借地人の支払うことができる最高の額になるのが自然だ。」（スミス『国富論』第一篇、152ページ）

「土地の表面の地代は一般に総生産物の⅓にすぎず、大抵は収穫物の偶然の変動に左右されない固定の地代である。」（同右、178ページ）「地代が総生産物の¼以下ということはめったにない。」（同右、第二篇、373ページ）

すべての商品について地代が支払われるとは限らない。たとえば、多くの地方で石にたいしては地代が支払われない。

「土地の生産物で市場にもっていかれるのは、輸送に必要な資本と、その資本から普通に得られる利益を補えるだけの値段がつくものに限られる。通常の値段がいまいう額を上まわる場合、余剰分は当然、地代に回される。上まわることがないと、商品を市場に出すことはできるが、地主に地代を払うことはできない。値段が上まわるかどうかは需要によって決まる。」（同右、第一篇、153～154ページ）

「地代が商品価格の構成要素になるさまは、賃金や利潤とはまったくちがう。給料や利潤の高低は商品価格の高低の原因となるが、地代の高低は価格の高低の結果である。」（同右、154ページ）

食料はつねに地代をもたらす生産物である。

「人間はすべての動物と同様、食物の量に比例して個体数が増えるのだから、多かれ少なかれ食料への需要はつねにある。食料があればつねに一定量の労働を買うことができるし、食料を得るために働こうとする人間は必ず見つかる。一定量の食料によって買うことのできる労働は、その食料をもっとも合理的に配分したときに維持できる労働と一致するとは限らない。給料が一時的に高い場合には買える労働は少なくなる。しかし、食料によって労働を買うことができることに変わりはなく、どれだけ買えるかは、その地域でその種の労働者にどれだけの生活費が支払われるかによって決まってくる。どんな条件の下でも、土地の生産する食料は、この食料を市場にもっていくのに必要なすべての労働を養って余りがある。しかも、この余剰分は、労働者を雇うための資本と、その資本の生み出す利益を埋め合わせる水準を超えている。だから、地主に地代として支払える部分が必ず残る。」（同右　155ページ）「地代は食料を第一の源泉とするばかりでなく、食料以外の土地生産物がのちに地代をもたらすようになったとしても、地代にそのように価値が付加されたのは、土地の耕作と改良によって食料を生産する労働の力が向上したおかげである。」（『国富論』第一篇、175ページ）「人間の食料はつねに地代を支払うだけの力がある。」（同右、171ページ）「それぞれの国の人口は、国の生産物が衣服や住居を提供しうる数量に比例してではなく、食料を提供しうる数量に比例して増減する。」（同右、173ページ）

「食料につぐ二つの大きな人間的欲求は衣服と住居（と燃料）である。それらは必ずそうだというわけではないが、大抵は地代を生み出す。」（同右、171～172ページ）

さて、地主が社会の利点のすべてをどう利用するのかを見ていこう。

㈠　地代は人口の増加とともに増加する。（同右、170ページ）

㈡　すでにセイが言っていたことだが、鉄道など交通手段の改良と安全と多様化とともに地代は上昇する。

㈢　社会の状態の改良は、どんなものでも、直接あるいは間接に地代を上昇させ、地主の実質的富を――すなわち、他人の労働や生産物を買う力を――高める傾向がある。……領地の改良や開墾は地代の上昇に直結する。生産物の増加とともに、必然的に地主の取分が増加する。……家畜の価格のような原材料の実質価格の上昇も、地代を直接に上昇させるし、上昇の度合いを大きくする。生産物の実質価値の上昇とともに、地主の取分の実質価値――他人の労働を支配する実質的な力――が増加するだけでなく、総生産物にたいする地主の取分の比率が大きくなる。生産物の実質価格が上昇しても、生産に要する労働が増加するわけではないし、投じられた資本と、資本の生む通常の利潤とを合わせた額が増加するわけではない。生産物の価格のそれ以外の部分は、地主に帰属することになるが、全生産物にたいするその帰属部分の比率が以前よりもずっと大きくなるのだ。」（同右、270～271ページ）

原料への需要の増加と、それにともなう価値の上昇は、人口の増加と人びとの欲求の増加からも生じてくる。しかし、新しい発明や、これまで工場であまり使われることのなかった原料の新しい使用などが、すべて地代の上昇の原因となる。たとえば、鉄道や蒸気船などの開発とともに炭坑の地代は途方もなく上昇した。

地主が、製造業や、さまざまの発見や、労働から引き出すこうした利点のほかに、以下のような利点もある。

㈣「労働の生産性の向上のうち、工場製品の実質価格を直接に引き下げる原因となるものが、地代の実質を間接的に引き上げる要因となる。地主は土地の生産物のうち、自分の個人消費を超える部分を工場製品と交換するか、その部分をお金に変えて製品を買う。工場製品の実質価格が下がったということは、土地の生産物の実質価格が上がったということだ。土地生産物の量が同じでも、それでもって交換できる工場製品の量が増えるのだから、地主は以前より多くの日用品、装飾品、贅沢品を買うことができる。」(『国富論』第一篇、271ページ)

ところで、地主は社会のすべての利点を利用する、ということから、スミスは、地主の利害はつねに社会の利害と一体化している、と結論するが(同右、272ページ)、これはばかげた結論だ。私有財産の支配する国民経済の下では、個人が社会にたいしてもつ利害は、社会が当の個人にたいしてもつ利害とはまさしく反比例の関係にある。ちょうど、高利貸が浪費家にたいしてもつ利害が、浪費家自身の利害とはけっして一致しないのと同じだ。

他国の土地財産にたいする地主たちの独占欲については、そこからたとえば穀物条令が出てくるのだが、ここでは事のついでにふれるにとどめたい。また、中世の農奴制や、植民地における奴隷制や、イギリスにおける日雇い労働者についても問題にしないでおく。国民経済学の命題から離れないで話を進めていく。

㈠　国民経済学の原則によると、地主は社会の福祉に利害関係をもつとされ、人口の増加や人工生産物の増加や欲求の増大に、一言でいえば、富の増進に、利害関係をもつとされるが、この増進は、これまで見てきたところからすれば、貧困と隷属の増進と一体化している。貧困とともに家賃が増加するという事実は、地主が社会にたいしてもつ利害関係の一例だが、ここでの利害関係とは、家賃とともに地代が――家の建っている土地の賃貸料が――上がるという関係である。

㈡　国民経済学によれば、地主の利害は借地人の――つまり、社会の大きな部分の――利害と敵対関係にある。

㈢　借地人の支払う賃金が少なければ少ないほど、地主が借地人に要求できる地代は多くなり、地主が地代を多く要求すればするほど、借地人は賃金を低く抑えることになるのだから、地主と作男との利害は、工場主と労働者との利害と同様、敵対的な関係にある。地主の利害からしても賃金は最低線まで引き下げられる。

㈣　工場製品の価格の実質的な下落は、地代を上昇させるのだから、地主は、工場労働者の賃金の引き下げや、資本家のあいだの競争や、過剰生産や、製造業全体の窮乏などに、直接の利害関係をもつ。

(五) かくして、地主の利害は社会の利害と一致するどころか、借地人、作男、工場労働者、資本家の利害と敵対関係にあるのだが、地主と地主との利害も、以下に見る競争ゆえにけっして一致するようなことはない。

一般論としてすでに、大地主と小地主の関係は大資本家と小資本家の関係に似ているといえる。それに加えて、大土地所有の蓄積と、大土地所有による小土地所有の吸収を無条件に引き起こす、特殊な事情がある。

(一) 資金が大きくなるにつれて労働者数や道具数の増加率は低くなるが、その低下が土地所有の場合ほど著しいものはほかにない。また、資金が大きくなるにつれて全面的な搾取の可能性が大きくなり、生産コストの節約や分業の高度化が土地所有の場合ほどうまく行くのはほかにない。耕地がどんなに小さくても、犂《すき》やのこぎりのような作業用具は、これ以上は減らせないという限界をもつが、土地所有はその限界を超えてさらに小さくできる。

(二) 大土地所有は、借地人が土地の改良に投じた資本の利子を、自分のもとに蓄積する。小土地所有は自分の資本を投じなければならず、大土地所有なら可能な利潤がすべて消えてしまう。

㈢　あらゆる社会的改良は大土地所有には有利に働くが、小土地所有には有害である。改良のたびに小土地所有はますます現金が必要となるのだから。

㈣　土地所有者のあいだの競争については、二つの重要な法則が考察されねばならない。

(α)　食料を生産する耕地の地代が、食料以外のものを栽培する耕地の大部分の地代を決定する。（『国富論』第一篇、168ページ）

家畜などの食料を生産できるのは、大土地所有に限られる。したがって、その他の土地の地代を決めるのは大土地所有であり、その地代は最低限に引き下げられることもある。

こうして、自分で働く小地主と大地主との関係は、自分の道具を所有する手工業者と工場主との関係に似てくる。小土地所有はたんなる作業用具にすぎなくなっている。小地主が地代を手にすることはまったくなく、手元に残るのは、せいぜい、自分の資本の利子と自分の賃金である。というのも、競争を通じて、地代は、みずからが投じたのではない資本の利了としてかろうじて存在するものになりかねないからだ。

(β) その上、わたしたちの学んだところによると、耕地や鉱山や漁場が、同じように豊かで同じようにうまく利用されている場合、生産物の量は資本の大小に比例する。となれば、勝利は大土地所有に帰する。また、資本が同じ大きさの場合、生産物の量は土地の豊かさに比例する。となれば、資本が同じであれば豊かな土地の地主が勝利する。

(γ)「一般に、鉱山について、豊かな鉱山かそうでないかは、一定量の労働によって引き出せる鉱物の量が、同種の多くの鉱山で引き出せる量よりも多いか少ないかによって判定することができる。」(『国富論』第一篇、175ページ)「もっとも豊かな鉱山で生産される石炭の価格によって、近隣のすべての鉱山の石炭価格は決まる。豊かな鉱山では近隣の炭鉱よりも安く石炭を売ることによって、地主は地代を、事業主は利潤を増やすことができる。一方、近隣の炭鉱は同じ価格で石炭を売らざるをえない。価格を下げるのは苦しいし、価格はだんだん下がっていって、しばしば地代も利潤もまったくなくなってしまう。いくつかの炭鉱は操業停止に追いこまれるし、地代が払えなくなって地主自身が経営を続けるしかない炭鉱も出てくる。」(同右、177ページ)「ペルーの銀山が発見されると、ヨーロッパの銀鉱山はそのほとんどが放棄された。……ポトシの銀山が発見されると、キューバやサントニドミンゴの銀鉱山やペルーの古い銀鉱山でも同じことが起こった。」（同右、179ページ）スミスがここで鉱山について語っていることは、大なり小なり土地所有一般に当てはまることだ。

(δ)「土地の通常価格がつねに現在の利率に依存することに注意すべきだ。……地代が金利を大幅に下まわったとなると、だれも土地を買おうとはしなくなり、やがて土地の通常価格が下がることになろう。反対に、地代の利益が金利を埋め合わせてまだ十分余裕があるとなれば、だれもかれもが土地を買おうとし、土地の通常価格は回復へと向かうだろう。」（同右、第二篇、367ページ）地代と金利とのこうした関係から、地代はますます低下せざるをえず、最終的には最高の金持ししか地代で生きることはできなくなる。そこで、賃貸ししていない土地をもつ地主の競争がいよいよ激しくなり、その一部は没落して、それがまた大土地所有の蓄積の機会となる。

さらに、この競争の結果として土地所有の大きな部分が資本家の手に落ち、資本家が地主を兼ねることになる。実際、小地主はすでに資本家でしかなくなっているのだが。同様に、大土地所有の一部は産業活動を兼ねることになる。

かくて、最終的には、資本家と地主の区別は消滅して、全体として二つの階級——

労働者階級と資本家階級——しか存在しなくなる。このように所有地が売り買いされ、商品へと転化するところに、古い貴族制の最終的崩壊と貨幣貴族制の最終的完成が示されている。

㈠ロマン主義者の感傷的な涙をさそう事実だが、わたしたちに涙は無用だ。ロマン主義は、土地商売にふくまれる下劣さと、土地という私有財産の売買にふくまれるまったく合理的で、それなりに必然で、望ましい結果とを混同している。第一に、封建的な土地所有からして、すでに本質的には売り買いされた土地であって、人間から疎遠になり、少数の大地主に握られた、人間とは対立する土地なのだ。

すでに封建的土地所有において、土地の支配は人間を支配するよそよそしい力としてあらわれている。農奴は土地の付属物なのだ。同様に、土地の相続権をもつ長子も、土地に帰属している。土地が長子を相続するのだ。一般的にいって、土地所有とともに私有財産の支配が始まるのであり、土地所有が私有財産の土台である。しかし、封建的土地所有にあっては、所有主は、少なくとも表面上は、所有地の王のように見える。また、所有者と土地とのあいだには、たんなる物の所有を超えた、もっと親密な関係があるように見える。所有地には所有主の個性が刻みこまれ、格づけがなされ、男爵領とか伯爵領とかと名づけられる。土地にはいくつかの特権があり、裁判権があり、政治的な地位がある。土地は所有主の非有機的身体のように見える。そこから「主人のない土地はない」という諺《ことわざ》も生まれるわけで、領主権と領有地の癒着ぶりを言ったものだ。同様に、所有地の支配はむきだしの資本の支配というあからさまな姿を取らない。領民は土地にたいして祖国にたいするような関係にある。息切れしやすいとはいえ、そこには国民感情のごときものが息づいている。

また、王国が王に名前をあたえるように、封建的土地所有は領主に名前をあたえる。かれの家族の歴史や家の歴史のすべてが、所有地の個性となり、所有地を正式にかれの家たらしめ、一つの人格たらしめる。同様に、所有地の耕作者たちは日雇い労働者として扱われるのではなく、一方で、領主の財産——農奴——であり、他方で、領主にたいし、尊敬し臣従し義務を負う関係にある。したがって、かれらにたいする領主の立場は直接に政治的であり、心情的な側面をもっている。人びとの習慣や性格が所有地ごとに変化し、土地と一体化しているように見える。が、時が経つと、領主の性格や個性がかれを土地に結びつけているのではなく、財布だけが結びつけていることがはっきりする。最終的に、領主は領地から最大限の利益を引き出そうとしなくなる。むしろ、そこにあるものを使い尽くし、調達をどうするかは黙って農奴や借地人の手に委《まか》せてしまう。それが、領主にロマン的な栄光をあたえる貴族的な土地所有というものだ。

必要なのは、こうした仮面を剝ぎとることだ。私有財産の根ともいうべき土地所有を私有財産の運動に全面的に引きずりこんで商品たらしめることだ。地主の支配が政治的な色合いをすべて剝ぎとられて純粋な私有財産ないし資本の支配としてあらわれることであり、地主と労働者の関係が国民経済学のいう搾取者と被搾取者の関係に還元されることであり、地主と財産との人格的関係がすべて消滅して、財産がたんなる有形的・物質的な富になることであり、土地との名誉ある結婚の代わりに利益による結婚が登場し、土地が人間ともども商取引の対象となることだ。土地所有の根にある薄汚い利己心が、ひねくれた形をとってあらわれるのは防ぎようがない。安定した独占が動揺する不安定な独占――競争――へと転化し、他人の血と汗の結晶をなにもしないで享受する貴族生活が、この結晶をもとに多忙な取引をおこなう商人生活へと転化するのは防ぎようがない。最後に、この競争のもとで、資本の形を取った土地所有が、労働者階級のみならず、地主をも支配するものとして登場するのは防ぎようがない。資本の運動法則こそが地主を破滅させたり繁栄させたりするのだ。だから、「主人のない土地はない」という中世の諺《ことわざ》に代わって、いまや「金は天下のまわりもの」という近代の諺が登場してくる。物のぬくもりをもたないお金が、人間を全面的に支配するさまを言った諺だ。

(二)　土地所有を分割すべきかすべきでないかの論争にかんしては、以下の点に注意しなければならない。

土地所有の分割は所有地の大規模な独占を否定し破棄するが、その一方、独占を一般化するという面をもつ。土地所有の分割は、独占の土台たる私有財産を破棄するものではない。独占の存在を損《そこ》ないはするが、独占の本質に手を触れるものではない。その結果、土地所有の分割は私有財産の法則の犠牲にされてしまう。分割は工業分野での競争の運動と平行して進むのだ。土地所有の分割によって用具が分割され、労働がたがいに分離されるという国民経済学的な不利益もあるにはあるが（これは分業とはちがう。労働が多くの人に分けられるのではなく、同じ労働が各人ばらばらにおこなわれるわけで、同一労働の複数化とでもいうべきものだ）、土地所有の分割は、工業分野での競争と同様、必ず蓄積へと再転化するのだ。

だから、土地所有の分割が生じたところでは、行きつく先は、悪意に満ちた独占へと回帰するか、土地所有の分割そのものが否定され破棄されるかしかない。が、それは封建所有への回帰ではなく、土地にたいする私的所有の破棄である。独占の第一の破棄はつねに独占の一般化であり、独占の存在の拡大である。最大限度の幅と広がりに達した独占の破棄は、独占の完全な否定である。協同組合が土地に適用されると、国民経済学のいう大土地所有の利点が分割され、分割の根源的傾向たる平等が——つまり、農奴制や支配権やばかげた所有神秘説に媒介されることのない、理性的な形での人間と土地との心情的関係を打ち立てる平等が——初めて実現される。というのも、協同組合の運営する土地は、もはや商取引の対象にはならず、自由な労働と自由な享受を通じて、再び人間の真に人格的な財産となっているからだ。土地所有の分割の大きな利点は、多くの人びとが、工業の場合とはちがって、財産のもとで没落することにある。この人びとはもはや奴隷になることができないのだ。

大土地所有についていうと、その擁護者たちは、つねに詭弁を弄しつつ、大規模農業の示す国民経済学的利点と大土地所有とを同一視してきた。国民経済学的利点が所有の破棄によって初めて最高に広がりを獲得するのではなく、また、それによって初めて社会的に有益なものになるのではないと言わんばかりだ。かれらはまた、小土地所有者の商売根性を攻撃するのだが、そこでも、大土地所有がその封建的形態においてすでに悪徳商人的なものを潜在的にふくんでいたことなどない、と言わんばかりだ。地主の封建主義と借地人の商工業が結びついた最近のイギリス的形態については、いまは問題にしないでおくけれども。

土地所有の分割を求める人は、大土地所有にたいして土地の独占だと非難するが、土地所有の分割も私有財産の独占を土台とする以上、独占だとの非難がそちらに投げかえされてくる。それと裏腹に、土地の分割だという非難が大土地所有のほうに投げかえされてくる。実際、大土地所有とは硬直し凍りついた形での土地の分割なのだから。一般的にいって、私有財産とは分割されたものの私有なのだ。さらには、土地所有の分割が、資本の富という形を取った大土地所有に帰着するように、封建的な土地所有は、どんなに紆余曲折の道をたどろうとも、結局は、分割へと向かうか、資本家の手に落ちるかしかないのだ。

実際、イングランドがいい例だが、大土地所有は人口の圧倒的多数を工業へと追いやり、自分のかかえる労働者を完全な窮乏状態へと追いこむ。こうして、その国の働き手と全活動をむこう側に投げやるのだから、大土地所有は敵の力を――資本と工業の力を――生み出し、大きくしているといえる。大土地所有は国の大部分を工業化するが、工業化は大土地所有の敵なのだ。そして、いまのイングランドのように、工業が大きな力を獲得すると、工業は外国にたいする大土地所有の独占的地位をしだいに奪い取り、大土地所有者を外国の土地所有をめぐる競争へと投げいれる。工業の支配の下で土地所有が封建時代の規模を確保するには、外国にたいする独占によって、封建制に矛盾する商取引の一般法則に引きこまれないよう、身を守らねばならなかった。が、競争に投げこまれたとなると、所有地は、他のすべての商品と同様、競争の法則に従うことになる。土地は増えたり減ったりしながら、あっちの人からこっちの人の手へと飛びうつり、どのような法律をもってしても、前もって定められた少数の人の手にとどめておくことはできなくなる。そこから直接に出てくることとして、土地は多くの人の手に分散されていき、やがて、産業資本家の手中に納まることになる。

最後に、大土地所有が大土地所有のままで強引に保持されているところへ、それと並び立つように、恐るべき工業が登場してくる場合には、危機へと向かう速度がいっそう速くなる。第二級の工業力しか存在しないところで土地所有の分割がおこなわれる場合にも、同じことがいえる。

大土地所有は、イングランドの例から分かるように、できるだけ多くの金をもうけようとするかぎりで、すでに封建的性格を捨て工業的性格を獲得している。それは地主に最大限の地代をあたえ、借地人に最大限の資本の利潤をあたえる。だから、農業労働者の数はすでに最低限に切りつめられ、借地人階級が土地所有の内部ですでに工業と資本の力を代表するものとなっている。外国との競争によって、地代の多くは独立した収入を生み出しえなくなっている。地主の多くが借地人に代わって登場せざるをえなくなり、こうして借地人の一部はプロレタリアに転落する。他方、多くの借地人が土地財産をわがものとするようにもなる。大地主は十分な収入があると大抵は浪費に走るし、またかれらの多くは大規模な農業経営には不向きだし、土地を利用するための資本も能力ももち合わせないものも少なくないからだ。そういう地主の一部は完全な破産に追いこまれることにもなる。最後に、最低限に切りつめられた賃金が、新しい競争を乗りきるためにさらに切り下げられる。となれば、革命へと向かわざるをえない。

土地所有は、独占と競争のどちらの道を進もうとも、必然的に没落を体験せざるをえなかったのだが、それは、工業が、独占の形を取っても競争の形を取っても、没落せざるをえなかったのとそっくりだ。その没落を通じて、人びとは人間を信じることを学ぶのである。

四．疎外された労働

わたしたちは国民経済学が前提とする事実から出発したし、国民経済学の用語と法則を受けいれてきた。私有財産や、労働と資本と土地の分離や、賃金と利潤と地代の分離や、分業や、競争や、交換価値の概念などをもとに話を進めてきた。国民経済学から出発し、国民経済学の用語を使って、労働者が商品へと──悲惨この上ない商品へと──貶《おとし》められることを示してきた。労働者の悲惨さがかれの生産力に反比例すること、競争の結果として少数の人々の手に資本が集積され、恐るべき独占が再現せざるをえないこと、そして最終的に、資本家と地主、農民と工場労働者の区別が消滅し、社会の全体が所有者階級と非所有の労働者階級との二つに分かれていくことを示してきた。

国民経済学は、私有財産という事実から出発する。が、それがいかにして成立したかを説明はしない。私有財産が現実にたどる物質的な過程を一般的・抽象的に定式化し、それを法則と見なす。国民経済学はこの法則を概念的に把握しないし、法則が私有財産の本質からどう出てくるかを説明しない。国民経済学は労働と資本が分離し、資本と土地が分離していく根拠について、なに一つ説明しない。たとえば、資本の利潤と賃金との関係を定義する際に、国民経済学が最後の根拠とするのは資本家の利害だ。国民経済学は、説明すべきことを前提にしてしまっている。同様に、至る所に競争が入りこむが、そのありようが外的事情からしか説明されない。偶然的に見える外的事情がどこまで必然的な発展の表現なのかを、国民経済学は教えてくれない。国民経済学にとっては交換そのものでさえ偶然の事実に見えることは、すでに見た通りだ。国民経済学者が車輪として利用するのは、所有欲と、所有欲に駆られた者たちのあいだの戦い——競争——だけだ。

国民経済学が運動のつながりを概念的に把握しないがゆえに、たとえば競争の理論と独占の理論、営業の自由の理論と職能組合の理論、土地所有の分割の理論と大土地所有の理論とが、くりかえし対立関係に置かれることになる。競争、営業の自由、土地所有の分割は、独占や職能組合や封建的所有の、偶然で、意図的で、暴力的な帰結としか見なされず、その必然的な、不可避の、自然な帰結として説明されることがなかったし、概念的に把握されることもなかったのである。

だから、わたしたちはいまや、私有財産と、所有欲と、労働・資本・土地所有の分離とのあいだの必然的な関係を把握しなければならないし、交換と競争、人間の価値と価値低下、独占と競争との関係を、さらには、こうした疎外の全体と貨幣制度との関係を、概念的に把握しなければならない。

なにかを説明するとき、国民経済学者は原始状態といったものを想定するが、わたしたちはそんなことはしない。原始状態によってなにかが説明されたためしはない。問題が霧のかかった遠方へと押しやられるだけだ。導き出さねばならないのは、分業と交換といった二つのものの必然的な関係なのだが、国民経済学はその関係を事実として、出来事として、前提してしまう。神学者が悪の起源を原罪によって説明するのもそうだが、説明すべきものを、歴史上の事実として前提してしまうのだ。

わたしたちは国民経済学が前提とする目の前の事実から出発しよう。

労働者は、自分の生産する富が大きくなればなるほど、自分の生産活動の力と規模が大きくなればなるほど、みずからは貧しくなる。商品をたくさん作れば作るほど、かれ自身は安価な商品になる。物の世界の価値が高まるのに比例して、人間の世界の価値が低下していく。労働は商品を生産するだけではない。労働と労働者とを商品として生産する。商品生産が盛んになるにつれて、労働と労働者の商品化の度合いも大きくなる。

右の事実に示されているのは、労働の生産物が、労働にとって疎遠な存在として、生産者から独立した力として登場してくる、ということにほかならない。労働の生産物は、労働が対象のうちに固定されて物となった姿であり、労働の対象化だ。労働の現実化とは労働を対象化することだ。こうした労働の現実化が、国民経済学の当面する状況の下では、労働者の価値低下としてあらわれる。労働の対象化が、対象の喪失ないし対象への隷属としてあらわれ、対象の獲得が、対象の疎外ないし外化としてあらわれる。

労働の現実化にともなう労働の価値の低下は、労働者が餓死するほどに進行する。労働の対象化にともなう対象の喪失は、労働者が生活に必要な対象を奪われるだけでなく、労働の対象をも奪われるほどに進行する。実際、労働そのものが対象と化すと、労働者がそれをわがものとするには最大限の努力を要するし、最大限の努力をしても、いつも対象を手元に置けるわけではない。労働が対象の形を取ること、それが疎外としてあらわれるのだが、この疎外は、労働者が対象を生産すればするほど、所有できる対象はそれだけ少なくなり、かれは自分の生み出した資本にそれだけ大きく支配される、という形で進行する。

以上に述べたことは、大きくまとめると、労働者は労働の生産物にたいし疎遠な対象として関係する、と表現できる。この前提から出てくる明白な帰結は、労働者が苦労すればするほど、かれが自分のむこう側に作り出す外的な対象世界の力が大きくなり、逆に、かれ自身の内面世界は貧しくなり、かれ自身の所有物は減少する、ということだ。宗教でも同じことが起こるので、人間が多くを神にゆだねればゆだねるほど、人間のもとにあるものは少なくなる。労働者は自分の生命を対象に投入する。と、その生命はもはやかれのものではなく、対象のものとなる。労働者の活動が大きくなればなるほど、労働者は対象を失うことになる。労働の生産物はかれのものではない。生産物が大きくなればなるほど、かれ自身は小さくなる。生産物の形を取った労働者の外化は、かれの労働が対象となり外的存在となるという意味をもつだけでなく、それがかれの外に、かれから独立した疎遠なものとして存在し、独立した力としてかれに立ちむかうようになることを、いいかえれば、かれが対象に投入した生命が疎遠なものとしてかれに敵対することを意味する。

さて、労働者が対象へと向かう生産活動のありさまと、そこに示される対象の、つまり生産物の、疎外と喪失のありさまを、さらに詳しく見ていこう。

労働者は、自然なくしては、感覚的な外界なくしては、なにものも作り出すことができない。自然こそ、労働が現実化する素材であり、労働が力を発揮する素材であり、また、生産の出発点とも媒介ともなる素材だ。

だが、自然は、労働が力をぶつける対象なしには生きていけないという意味で、労働の生活手段を提供するとともに、他方、もっと狭い意味での生活手段を、つまり、労働者の肉体的生存の手段をも提供する。

したがって、労働者が外界を――感覚的自然を――その労働によってわがものとすればするほど、かれは、二重の意味で生活手段から切り離される。第一に、感覚的外界がだんだんとかれの労働に属する対象――かれの労働の生活手段――ではなくなるという意味で、そして第二に、外界が労働者の肉体的生存を保証するという直接的な意味での生活手段ではなくなるという意味で、かれは生活手段としての自然から切り離される。

かくて、労働者は二重の意味で対象の奴隷となる。第一に、かれは労働の対象を、つまりは働き口を、どこかから得てこなければならない。第二に、生存の手段をどこかから得てこなければならない。隷属状態の行き着くところ、かれは労働者となることによってしか肉体的存在を保つことができず、肉体的存在となることによってしか労働に従事することができない。

（対象のうちに生じる労働者の疎外は、国民経済学の法則に即していえば、労働者が多く生産すればするほど消費は少なくなり、作り出す価値が大きくなればなるほど、かれは価値なきもの、無価値なものになる、と表現できる。生産物の形が整えば整うほど労働者は不恰好になるし、対象が洗練されればされるほど労働者は粗野になるし、労働が強力になればなるほど労働者は無力になるし、労働が才気に満ちたものであればあるほど労働者は才気を欠いた自然の奴隷となる。）

国民経済学は、労働者（労働）と生産活動との直接の関係に目をふさぐことによって、労働の本質に横たわる疎外を隠蔽する。無理もない。労働は金持にたいしては驚異の品を生産するが、労働者にたいしては食うや食わずの生活を作り出す。宮殿を生産する一方、労働者には穴ぐらを作り出す。美を生産する一方、労働者には不具を作り出す。労働を機械に置きかえる一方、労働者の一部を粗野な労働へと突きもどし、他の一部を機械にしてしまう。精神を作り出す一方、労働者には精神薄弱やクレチン病を作り出す。

労働とその生産物との直接の関係は、労働者とその生産活動の対象との関係である。資産家と生産対象および生産活動との関係は、この第一の関係の帰結にすぎず、また、第一の関係を確証するものでもあるのだが、それについてはのちに考察することにしよう。

労働の本質的なありかたとはなにか、と問うとき、わたしたちは労働者と生産活動との関係を問うている。

これまでのところ、わたしたちは労働者の疎外ないし外化を、労働者と労働生産物との関係という側面からしか見てこなかった。が、疎外は結果のうちに示されるだけでなく、作用のうちにも——生産活動そのもののうちにも——示される。労働者が生産の作用において自己を疎外されないとしたら、その生産物にたいし疎遠なものとして向き合う、といったことがどうして起こりえよう。生産物とは、まさしく、生産活動の結果にほかならない。労働の生産物が外化の形を取るのだとすれば、生産活動自体が外化へと向かうものであり、活動の外化であり、外化の活動でなければならない。労働対象の疎外という結果に集約されるのは、労働という活動のうちにある疎外ないし外化にほかならない。

さて、労働の外化とはどんな形を取るのか。

第一に、労働が労働者にとって外的なもの、かれの本質とは別のものという形を取る。となると、かれは労働のなかで自分を肯定するのではなく否定し、心地よく感じるのではなく不仕合わせに感じ、肉体的・精神的エネルギーをのびのびと外に開くのではなく、肉体をすりへらし、精神を荒廃させる。だから、労働者は労働の外で初めて自分を取りもどし、労働のなかでは自分を亡《な》くしている。労働していないときに安らぎの境地にあり、労働しているときは安らげない。かれの労働は自由意志にもとづくものではなく、他から強制された強制労働だ。欲求を満足させるものではなく、自分の外にある欲求を満足させる手段にすぎない。肉体的強制その他が存在しないとき、労働がペストのように忌み嫌われ遠ざけられるところに、労働のよそよそしさがはっきりと示されている。外からやってきて人間を外化する労働は、自己犠牲の労働であり、辛苦の労働なのだ。最後に、労働が労働者にとって外的なものだということは、労働がかれ自身のものではなく他人のものであり、他人に属すること、労働のなかでかれが自分ではなく他人に帰属していることのうちに見てとれる。宗教においては、人間の空想や人間の脳髄や人間の心臓の自己活動が、個人から独立した、神や悪魔の疎遠な活動として個人に働きかけるのだが、それに似て、労働者の活動も彼の自己活動ではなくなっている。それは他人に属するものであり、自己自身の喪失なのである。

そこで、こう結論せざるをえない。人間（労働者）は、食べる、飲む、産む、（さらにつけ足すとしてもたかだか）住む、装う、といった動物的な働きのうちでなんとか活動の自由を感じるだけであり、反対に、人間的な働きのうちでは動物のように感じている、と。動物的なものが人間的なものになり、人間的なものが動物的なものになっているのだ。

食べる、飲む、産む、といったことも、真に人間的な働きと言えなくない。が、その外に広がる人間的な活動の領域から切り出されて、それだけが唯一の最終目的とされる場合には、動物的なものと言うほかない。

わたしたちは、人間の実践的活動を疎外する労働という行為を、二つの側面から見てきた。

㈠　疎遠なものとして労働者を支配する労働生産物と、労働者との関係。この関係は、同時に、疎遠なものとして労働者に敵対する感覚的外界ないし自然対象と労働者との関係でもある。

㈡　労働の内部にある生産活動と労働との関係。この関係は、自分に属さない疎遠な活動となった自己活動と労働者との関係である。活動が苦しみになり、力が無力に、生殖が去勢になる。労働者自身の肉体的・精神的エネルギー、ないし個人的生命が、（生命とは活動にほかならないが）かれに対立する、かれとは独立した、かれに属さない活動になる。

㈠の疎外が物の疎外だとすれば、㈡の疎外は自己疎外だ。

以上の二つから、もう一つ、疎外された労働の第三の形を引き出さねばならない。

人間は類的存在なのだが、二つの点からしてそういえる。一つは、実践的・理論的に、自身の類をも自分以外のものの類をも自分の対象とするがゆえに類的存在であり、さらには（といっても同じ事柄を別の形で表現したものにすぎないが）、自分自身を現存する生きた類として扱い、自分を普遍的な、したがって自由な存在と見なすがゆえに、類的存在である。

類的生活の基本は、人間の場合も動物の場合も同じだが、まずもって肉体的に人間が（動物と同じく）非有機的自然に依存して生きている点にある。そして、人間が動物を超えて普遍的になればなるほど、人間の依存する非有機的自然の広がりも普遍的になる。植物、動物、石、空気、光などが人間の意識に入りこみ、理論的な面では、ときに自然科学の対象に、ときに芸術の対象となって、精神的な非有機的自然ないし精神的な生活手段として、加工した上で享受され消化される。と同時に、植物、動物、石その他は、実践的な面でも、人間の生活と活動の一部をなしている。自然の産物のあらわれかたは、栄養、燃料、衣服、住居など種々雑多だが、肉体的存在としての人間は、そのような自然物に依存しないでは生きていけない。人間の普遍性は、実践的には、まさしく人間が自然の全体を自分の非有機的身体とする普遍性のうちにあらわれるので、そこでは、自然の全体が直接の生活手段であるとともに、人間の生命活動の素材や対象や道具になっている。自然とは、それ自体が人間の身体ではないかぎりで、人間の非有機的な肉体である。人間が自然に依存して生きているということは、自然が人間の肉体だということであり、人間は死なないためにはたえず自然と交流しなければならないということだ。人間の肉体的・精神的生活が自然と結びついているということは、自然が自然と結びついているというのと同じだ。人間は自然の一部なのだから。

疎外された労働は、人間から、

(一) 自然を疎外し、

(二) 人間自身を、人間自身の活動を、人間の生命活動を疎外し、

その上に、人間から類を疎外する。類的生活を個人的生活の手段にしてしまうのがその疎外だ。第一に、疎外された労働は、類的生活と個人的生活とをたがいに疎遠なものとし、第二に、抽象化された個人的生活を、同じく抽象化され疎外された類的生活の目的にする。

なぜそうなるかといえば、第一に、人間にとって、労働が——生命活動ないし生産的生活が——肉体的生存の維持という欲求を充足するための手段としてしかあらわれないからだ。しかし、生産的生活は類的生活であり、生活を生み出す生活である。生命活動のありかたのうちには類の性格の全体が、活動の類的性格がこめられている。そして、活動が自由で意識的であることが、人間の類的性格である。が、その生活が

生活の手段としてしかあらわれないのだ。

動物は、その生命活動と隙間なくぴったり一体化している。動物は生命活動そのものだ。たいして人間は、生命活動を意志と意識の対象とする。生命活動を意識的におこなうわけで、生命活動とぴったり一致してはいない。意識的な生命活動をおこなう点で、人間は動物的な生命活動から袂《たもと》を分かつ。そのことによって初めて人間は類的存在である。いいかえれば、人間はまさしく類的存在であることによって、意識的な存在であり、みずからの生活を対象とする存在である。だからこそ、その活動は自由な活動なのだ。この関係が、疎外された労働によってくつがえされると、人間は、まさしく意識的な存在であるがゆえに、かえって、生命活動というおのれの本質を、たんなる生存のための手段にしてしまう。

非有機的自然を加工して対象的世界を産出するという実践活動は、人間が意識をもった類的存在であることを身をもって示すものであり、人間が類をおのれの本質とし、類的存在として立つことを示すものだ。たしかに、動物も生産はする。蜂やビーバーや蟻は、巣を作り、住まいを作る。けれども、動物は自分または自分の仔が必要とするものしか作らない。生産が一面的だ。ところが、人間の生産は普遍的だ。動物は目の前の肉体的な欲求に従って生産するだけだが、人間は肉体的欲求を離れて自由に生産し、自由のなかで初めて本当に生産する。動物は自分自身を生産するだけだが、人間は自然の全体を再生産する。動物の生産物は動物の生身《なまみ》の体にぴったり寄りそっているが、人間は、その生産物と自由に向き合うことができる。動物は自分の属する類を尺度とし、その必要に沿って形を作るだけだが、人間はあらゆる類の尺度に従って生産することができるし、至る所でその場にふさわしい尺度を対象にあてがうことができる。だからこそ、美の法則に従って形を作り出しもするのだ。

かくて、対象世界の加工という行為において、人間は初めて、現実に自分が類的存在であることを示すといえる。この生産こそが動きのある人間の類的生活だ。その活動を通じて、自然は人間の作品となり、人間の現実となる。だから、労働の対象とは、人間の類的生活を対象化したものだ。人間は意識において自分を知的に二重化するだけでなく、生産活動において現実に自分を二重化し、自分の作り出した世界のうちに自分の姿を見てとる。だから、疎外された労働が、人間の生産活動の対象を人間から奪うのだとすれば、それは、人間の類的生活を——人間の類が現実に対象となったものを——人間から奪うことだ。ここでは、動物にたいする人間の優位が劣位へと反転し、人間の非有機的肉体たる自然が人間から取り上げられる。

疎外された労働は、自己活動ないし自由な活動を手段に貶《おとし》めるのに加えて、人間の類的生活を肉体的生存の手段へと貶めるのだ。

ということは、人間が自分の類（人類）についてもつ意識が疎外によって変形され、類的生活が手段と化す、ということだ。

こうして、疎外された労働は、

㈢人間の類的存在である自然をも、精神的な類的能力をも、人間にとって疎遠な存在に——人間の個人的生存の手段に——変えてしまう。疎外された労働は人間自身の肉体を、人間の外なる自然や、人間の精神的・人間的本質ともども、人間から疎外する。

㈣人間がその生命活動たる労働の生産物から——人間の類的存在から——疎外されているとすれば、そこからただちに出てくるのは、人間からの人間の疎外だ。人間が自分自身と対立するとき、人間に他の人間が対立する。人間とその労働、人間とその労働生産物、人間と当人自身との関係のありさまは、人間と他の人間との、人間と他の人間の労働および労働対象との関係に重なり合う。

大づかみにいうと、類的存在が人間から疎外されているということは、人間が他の人間から疎外され、人間の一人一人が人間の本質から疎外されているということだ。人間の疎外もそうだが、人間の自分自身とのさまざまな関係は、その一つ一つが、人間と他の人間との関係のうちに初めて実現され、表現される。

だから、疎外された労働の関係において、すべての人間は、労働者として保持する尺度と関係に即して、他の人間を観察する。

わたしたちは労働者の疎外と労働者の生産活動の疎外という経済的事実から出発した。この事実を概念化して、「疎外され外化された労働」と名づけた。この概念を分析することは経済的な一事実を分析することにほかならなかった。

さらに進んで、疎外され外化された労働という概念が、現実においてどのように言明され表現されるかを見ることにしよう。

労働の生産物が、わたしには属さない疎遠な力としてわたしのむこうにあるとき、ではそれはだれのものなのか。

わたし自身の活動がわたしに帰属せず、外から強制される活動だとすれば、一体その活動はだれのものなのか。

わたしとは別の存在のものだ。

その存在とはだれなのか。

神々だろうか。たしかに、古代において、エジプト、インド、メキシコの神殿建設のような大製作は、神々に奉仕するものだったし、製作されたものも神々のものだった。しかし、神々だけが労働の主人だったのではない。同様に、自然だけが労働の主人だったわけでもない。ともあれ、人間はその労働によって自然を征服し、工業の奇跡によって神々の奇跡を影の薄いものにしたのだが、そんな力のおかげで、生産活動を喜ぶことも生産物を享受することもできなくなるというのは、なんと理不尽なことだろう。

労働と労働生産物が帰属する他なる存在、いいかえれば、その存在のために労働がおこなわれ、その存在によって労働生産物が享受される、そんな他なる存在、それは神々でも自然でもなく、人間でしかありえない。

労働生産物が労働者のものではなく、疎遠な力として労働者に対立するのだとすれば、それは、労働者の外部に身を置く他の人間に属すると考えるほかはない。生産活動が労働者にとって苦痛だとすれば、その活動は他の人間に享受され、他の人間の生命の喜びとなっているにちがいない。人間を支配するこの疎遠な力になりうるのは、神々でも自然でもなく、人間しかない。

人間の自分自身との関係は、人間の他の人間との関係を通じて初めて、対象化され現実化される、という以前に掲げた命題を想い起こしてほしい。自分の労働の対象化された生産物にたいして、人間が疎遠な、敵対的な、威圧的な、自分とは独立した対象として関係するとき、その関係の意味するところは、疎遠な、敵対的な、威圧的な、自分とは独立した他人が、この対象の主人だということだ。人間が自分の活動を不自由だと感じているとすれば、そのときその活動は、他人に奉仕し、他人の支配下にあり、他人に強制され拘束される活動となっているのだ。

人間の自己疎外と、自然からの疎外のすべては、その人間が自己および自然にあたえる他の人々との関係のうちにあらわれる。たとえば宗教的な自己疎外は、必ずや、平信徒と司祭との関係のうちに、あるいは、知的世界の出来事という点を踏まえていえば、平信徒と仲介者との関係のうちにあらわれる。実践的・現実的関係においては、自己疎外は、他の人々との実践的・現実的関係を通してあらわれるほかはない。疎外を生じさせる手段自体が実践的なのだ。疎外された労働によって、人間は、疎遠で敵対的な力となった対象および生産活動との関係を生み出すだけではない。かれはまた、自分の生産活動と生産物にたいして他の人々が取りむすぶ関係を生み出し、他の人々と自分との関係をも生み出す。自分の生産活動が自分を現実から遠ざける刑罰となり、自分の生産物が奪われて自分のものでなくなる、というだけではない。その活動は、生産に従事しないものが生産活動と生産物を支配する、という事態をも作り出す。かれは自分の活動を自分から疎外するだけでなく、疎遠な他人のために、その人のものではない活動をその人のものにしてやるのだ。

これまでわたしたちは関係を労働者の側からしか見てこなかったが、のちに非労働者の側からも見るつもりだ。

さて、疎外され外化された労働によって、労働者は、労働とは疎遠な、労働の外部に身を置く人間と労働との関係を生み出す。労働者と労働との関係が資本家（あるいは労働の主人）と労働との関係を生み出すのだ。こうして、労働者を自然と自己から切り離すような、疎外された労働の産物ないし結果ないし必然的帰結として、私有財産が登場する。

私有財産は外化された労働の概念から——外化された人間、疎外された労働、疎外された生命、疎外された人間の概念から——分析によって生じてくる。

国民経済学のやりかたでは、外化された労働（外化された生命）の概念が私有財産の運動の結果として出てくる。が、外化された労働の概念を分析してみると、外化された労働の根拠であり原因であるように見える私有財産が、実は、その結果であることが明らかになる。神々が、元をただせば、人間の知性の混乱の原因ではなく、混乱の結果であるのに似ている。関係はのちに相互作用に転じるのだが。

私有財産の発展がその最終的な極点にまで達したとき、初めて、その秘密が浮かび上がってくる。私有財産が外化された労働の産物であるとともに、労働を外化する手段であり、外化の実現である、という秘密が。

この発展は、これまで未解決のままだったさまざまな対立にすぐにも光を投げかけてくれる。

(一) 国民経済学は生産活動の本来の魂である労働から出発するが、しかし、労働にはなにもあたえず、私有財産にすべてをあたえる。プルードンはこの矛盾のなかから、労働に味方し、私有財産に敵対する結論を導き出した。が、わたしたちには、矛盾らしきこの事態は、疎外された労働の自己矛盾だと分かっているし、疎外された労働の法則をそのままことばにしたのが国民経済学だと分かっている。

また、賃金と私有財産の同一性も分かっている。賃金とは、労働の対象たる生産物をもとに労働にたいして支払われるもので、労働の疎外の必然的な帰結たる賃金のもとでは、労働は自己目的ではなく、賃金に仕えるものとなっているのだ。詳しい展開はのちのこととして、ここでは二、三のことを言うにとどめよう。

実力行使による賃金の引き上げは（もろもろの困難や、この変則を維持するにも実力行使によるしかない、といったことを度外視していうと）、奴隷の給料が改善されたというだけのことで、労働者にも労働にもその人間的な尊厳や価値をもたらすものではない。いや、プルードンの要求する給料の平等でさえも、現在の労働者と労働との関係を、すべての人間と労働との関係に転化するものにすぎない。そこでは社会が抽象的な資本家としてとらえられている。

賃金は疎外された労働から直接に出てくるものであり、疎外された労働は私有財産の直接の原因である。二つは同じ楯の両面なのだ。

(二) 疎外された労働と私有財産との関係から出てくる帰結として、私有財産その他の隷属状態からの社会の解放は、労働者の解放という政治的な形で表現されることが挙げられる。労働者の解放とはいっても、労働者だけの解放が問題なのではなく、そこには人間一般の解放がふくまれる。というのも、労働者と生産活動との関係のうちに人間の隷属状態の全体がふくまれ、隷属的な関係のすべてはその関係の変形ないし帰結にほかならないからだ。

私たちは疎外され外化された労働の概念から、分析によって、私有財産の概念を見つけ出したのだが、同じように、この二つの要素を手がかりに、すべての経済的カテゴリーを展開することができる。たとえば、あくどい商売、競争、資本、貨幣といったカテゴリーのすべては、疎外された労働と私有財産から出てくる特定の事柄にすぎないのが分かる。

が、そうした形態を見ていく前に、なお、二つの課題の解決に努めねばならない。

㈠　疎外された労働の結果として生じてきた、私有財産の一般的本質を、真に人間的で社会的な財産と対比することによって確定すること。

㈡　わたしたちは、労働の疎外ないし外化を一つの事実として受けいれ、この事実を分析した。ここで問うべきは、人間がいかにして自分の労働を外化し疎外するに至るのか、だ。この疎外は人間の発展の本質のうちにどう根ざしているのか。私有財産の起源にかんする問いを、疎外された労働と人類の発展過程との関係にかんする問いへと方向転換したとき、わたしたちは課題の解決に役立つ多くのものを得た。私有財産というと、人間の外部にある事柄が問題だと信じられかねないが、労働というと、直接に人間を相手にすることだと分かってもらえるからだ。新しい問いの立てかたが、すでに、その解決をふくんでいるのだ。

㈠について。私有財産の一般的本質、そして、私有財産と真に人間的な財産との関係。

外化された労働は、相互に条件づけ合うような、あるいは、同一の関係の異なった表現にすぎないような、二つの要素に分解された。そこでは、獲得が疎外ないし外化としてあらわれ、外化が獲得として、疎外が真の市民権獲得としてあらわれる。

わたしたちは、労働の一面である疎外された労働と労働者との関係、いいかえれば、疎外された労働と自己との関係を見てきた。この関係の産物ないし必然的結果として、労働ないし労働者にたいする非労働者の財産関係を見つけ出した。疎外された労働の物質的な集中表現たる私有財産は、労働および労働生産物および非労働者にたいする労働者の関係と、そして、労働者および労働生産物にたいする非労働者の関係とを、二つながらふくんでいる。

これまで見てきたのは、労働によって自然をわがものにする労働者の側に立つと、獲得が疎外として、自己活動が他人のための、他人の活動として、生命活動が生命の放棄として、対象の生産が疎遠な力ないし疎遠な人間に対象を奪われることとしてあらわれる、そのありさまだった。いまや、労働にも労働者にも疎遠なこの人間が、労働者と労働と労働対象にたいして結ぶ関係を、見ていかねばならない。

まず注意すべきは、労働者のもとで外化の活動、疎外の活動としてあらわれるすべてが、非労働者のもとでは、外化の状態、疎外の状態としてあらわれるということだ。

第二に、生産活動における、また、生産物にたいする労働者の現実的・実践的な態度（心のありよう）が、かれと対立する非労働者のもとでは、理論的な態度としてあらわれるということだ。

第三に、労働者がおのれに向かってすることのすべてを、非労働者は労働者に向かってするのだが、自分が労働者に向かってすることを自分に向かってはしないということだ。

この三点を詳しく見ていこう。

第二草稿

一．私有財産の支配力

〔12ページ分の草稿紛失〕……その資本の利子を形成する。労働者の主観においては、資本とは自分を失った人間だと感じられるし、資本のもとでは、労働とは自分を失った人間の姿だというのが客観的な事実だ。けれども、労働者は、不幸なことに、生命をもつ資本であり、生命維持のために物を必要とする資本だから、働かないでいると利子を得られず、生存が危くなる。資本の形を取る労働者の価値は、需要と供給に従って上昇するし、かれの存在と生命は物理的なものとも見なされ、他の商品の供給と変わることのない商品の供給と理解される。労働者は資本を生産し、資本は労働者を生産するのだから、労働者は自分自身を生産していることになる。つまり、労働者としての人間、商品としての人間は、資本の運動全体が生み出すものだ。労働者でしかなく、労働者としてかろうじて存在する人間にとって、人間としてのさまざまな特

性は自分の外にある資本が認めるかぎりでしか意味をもたない。しかし、資本と労働者は疎遠な存在であり、たがいに無関心な、外的・偶然的な関係にあるから、よそよそしさが現実の事態としてもあらわれざるをえない。

資本がもはや労働者に目を向けようとしなくなると、その気まぐれが必然的なものであれ偶然的なものであれ、労働者は労働を、したがって賃金を失う。しかもかれは人間として生存するのではなく、労働者として生存しているのだから、できることといえば、埋葬してもらうか餓死することしかない。労働者が労働者として実在するのは、かれが自分にたいして資本として実在するかぎりでのことであり、資本として実在しうるのは、なんらかの資本が自分にたいして実在するかぎりでのことだ。資本の存在がかれの存在であり、かれの生命であって、資本はかれの生命の内容を自分の都合で決定する。だから、国民経済学は職のない労働者や、雇用関係の外にある労働人には関知しない。ならず者、ごろつき、乞食、失業者、飢民、貧窮者、犯罪者などは、国民経済学の眼中にはなく、かれらの相手をするのは別の人びと——医者、裁判官、墓掘り人、乞食取り締まり官など——である。かれらは経済領域外の亡霊なのだ。だから、労働者のもつさまざまな欲求のなかで、国民経済学にとって意味をもつのは、労働者が労働期間中に自分を維持しようとする欲求だけで、それも、労働者という種族が死に絶えないかぎりでしか意味をもたない。したがって、賃金は、他のあらゆる生産用具の維持と補修、利子を生みつつ再生産するために必要とされる資本の消費、車輪を回転させるために使われる油などとまったく同じ意味をもっている。賃金は資本と資本家の必要経費の一部をなすものであり、この必要の範囲を超えてはならない。だから、一八三四年の改正法案以前に、イギリスの工場主たちが、救貧税によって労働者の受けとった公的寄金分を、賃金の一部と見なし、賃金から差し引いていたのは、まったく理にかなったことだったのだ。

生産活動によって、人間は一つの商品として、人間商品として、商品と定義される人間として、生産されるだけでない。商品の定義にまことにふさわしいのだが、精神的にも肉体的にも非人間化された存在として生産される。労働者と資本家の不道徳、奇形、愚鈍がその証拠だ。生産されるのは自己意識をもつ自発的な商品――人間という商品――なのだ。スミスやセイにたいするリカードやミルの大きな進歩は、かれらが人間の存在を――商品の生産性が大きいか小さいかを――どうでもいいもの、いや、有害でさえあるものとして説明している点だ。ある資本がどれだけの労働者を養うか、ではなく、どれだけの利子をもたらすかが――つまり、年ごとの節約の総額が――生産活動の真の目的だというわけだ。ともあれ、近年のイギリスの国民経済学の一貫した大きな進歩の一つとして以下のことがある。労働を唯一の原理とするに至った国民経済学が、同時に、賃金と資本利子とのあいだの反比例関係をこの上なく明晰に分析し、資本家は原則として賃金の引き下げによってのみ利益を上げることができるとした点がそれだ。逆に賃金を引き上げれば利益が下がるわけで、消費者をだまして得をするのではなく、資本家と労働者がたがいに相手をだまして得をするのが正常な関係だというのだ。

私有財産の関係とは、労働としての私有財産の関係を潜在的に内にふくむとともに、資本としての私有財産の関係をもふくみ、さらには労働と資本との相互関係をも内にふくんでいる。一方で、人間の活動が労働として生産されるが、それは、自分にとってまったく疎遠な、人間にとっても自然にとっても、したがってまた意識にとっても生命の発現にとっても、まったく疎遠な活動である。人間はそこでは労働するだけの人間という抽象的な存在となり、日々、充実した無から絶対の無へと――社会的かつ現実的な非存在へと――落下していく。他方、人間の活動の対象は資本として生産されるのだが、そこでは対象のあらゆる自然的・社会的性質規定が消し去られ、私有財産がその自然的・社会的な性質を喪失し（すなわち、すべての政治的・社会的な幻想を剝ぎとられ、人間的と思えるような関係をまったくもたなくなり）、同じ資本が種々雑多な自然的かつ社会的存在としてあらわれながら、あくまで同じ資本であり、その現実的な内容にたいしてはまったく無関心となっている。労働の生産と資本の生産というこの対立が極限まで突きすすむと、関係のあり方全体が頂点に登りつめるとともに、必然的に没落が始まるのである。

もう一つ、近年のイギリスの国民経済学の大きな業績といえるのは、耕作される最悪の土地の賃料と最上の耕作地の賃料との差額を地代だと土張し、地主たちのロマン的な思いが――かれらのいわゆる社会的重要性だとか、重農主義者にならってアダム・スミスまでが主張する地主の利害と社会の利害の一致とかいったことが――空想にすぎないのを証明したこと、そして、地主がまったくありきたりの散文的な資本家に転化し、もって対立が単純かつ尖鋭なものとなり、解体の速度が高まる、という現実の運動を予知し、準備したことにある。こうして、土地そのもの、地代そのものは、身分上の区別をもたなくなり、無言の、いや、お金のことばかりを口にする資本および利子となったのである。

資本と土地の区別、利益と地代の区別、この二つと賃金との区別、工業と農業の区別、不動産と動産の区別は、事柄の本質には根ざさない歴史的な区別であり、資本と労働の対立が形成されてくる途上の一時期を固定化した区別だ。工業その他が不動の土地財産と対立関係にあるとき、そこに表現されているのは工業の成立のしかたであり、工業が農業にたいして作り出した対立のさまにすぎない。不動産と工業の区別が特殊な労働方式として——本質的で、重要で、生活を包括するような区別として——なりたつのも、工業（都市生活）が土地所有（封建貴族の生活）と対立しつつ、独占、ツンフト、ギルド、職能集団といった形で対立の封建的性格の跡をとどめるかぎりでのことだ。そうした状態にとどまる労働は、社会の性格を身に帯び、現実の共同体から意味をあたえられるような労働であって、内容とはかかわりなく完全に自立した、すべての存在を捨象した労働にまでは至っておらず、自由に放任された資本にまではたどり着いていない。

しかし、労働の発展は必然的に、自由放任の、工業として自立した工業を生み出すし、自由放任の資本を生み出す。工業が敵を支配する力を発揮するのは、それまで主要な労働を土地と土地を耕す奴隷とに委《ゆだ》ねていた農業が、現実に工業として成立するときだ。奴隷が自由な労働者に——雇われ者に——変わるとともに、地主自体も工業主に——資本家に——変わるのだ。この変化は、当初は、借地人をあいだにはさんで起こるのだが、借地人とは地主の代理人であり、地主の秘密を明るみに出すものだ。借地人の存在によって初めて、地主は国民経済学的存在に——私有財産の所有者に——なるのであって、というのも、かれの土地の地代は、借地人の競争によってしか存在しないからだ。だから、地主は、本当をいえば、すでに借地人の姿を通してごく普通の資本家になっていたのだ。そして、その秘密は公然化せざるをえないので、農業を経営する資本家——借地人——が地主となるか、地主が資本家となるかだ。借地人が工業に手を出して金をもうけるのは、地主が工業に手を出して金をもうけることだ。前者の存在が後者の存在を定めるのだから。

地主と資本家は、自分たちがたがいに対立しつつ成立してきた様子や、たがいの素性を想い起こす。地主は、資本家のことをきのうまでは奴隷だった男が高慢で自由で裕福になっただけだ、と知っているし、資本家となった自分が、かれらに脅《おびやか》されていると感じてもいる。一方、資本家は、地主とはなにもしない利己的で残酷な、きのうまでの主人だと知っているし、いま地主は資本家の利益を侵害してはいるが、地主のいまの社会的意味の全体とその所有と享楽は、工業から得られたものであることも知っている。そして、自他の対立は、自由な工業やあらゆる自然的性質から独立した自由な資本と土地所有との対立だと見ている。この対立は激烈きわまる対立だが、どちらの側にも真理はある。たがいが相手に抱く軽蔑感をはっきりイメージしたければ、動産（資本家）にたいする不動産（地主）の攻撃を、あるいは不動産（地主）にたいする動産（資本家）の攻撃を読みさえすればよい。

地主は貴族として保持する世襲財産、封建的な記念品、思い出の品、詩的追憶、熱狂的な気性、政治的な高位などを誇りに思い、国民経済学ふうな口調で、農耕だけが生産的なのだ、と主張する。同時に、敵である資本家については、ずる賢く、なんでも売りに出し、口やかましく、不正直で、貪欲で、金に動かされ、すぐにかっとなる、心も知力もからっぽの人間だと言う。さらには、共同体からのけものにされて勝手に共同体を売りわたし、高利をむさぼり、売春を仲介し、卑屈で、世智に長《た》け、おべっかを使い、ごまかし専門の味気のない男で、競争や、貧窮や、犯罪や、あらゆる社会的な絆の解体を生み出し、育て、愛護する、名誉も原則も詩も実質もなにもない、金権主義者だという。（とくにカミーユ・デムーランがその雑誌「フランスとブラバンの革命」のなかですでに糾弾している重農主義者ベルガッスを参照。また、フォン・フィンケ、ランツィツォレ、ハラー、レオ、コーゼガルテンと、尊大な老ヘーゲル派の神学者フンケを参照。レオ氏によると、農奴制の廃止に際し、一人の奴隷が、自分が貴族の財産でなくなるのを拒否するさまを、フンケは目に涙を浮かべて語ったという。また、ユストゥス・メーザーの『愛国主義的幻想』をも参照。その幻想は俗物特有の、愚直で、小市民的で、「ありふれた」平凡な、こせこせした水準を一歩もぬけ出してはいないが、純粋な幻想である点では群をぬいている。そのらぐはぐさがドイツ人の心情に強く訴えかけたのだ。また、シスモンディを参照。）動産は動産で工業とその運動の奇跡を指さし、動産こそ近代の子であり、近代の正統な嫡子であると主張する。敵である地主については、おのれの本質を理解できない（これはまったくその通り）低脳者で、道徳的な資本と自由な労働の代わりに、粗野で不道徳な力と農奴制を設けようとしている、と憐んでみせる。誠実さ、正直さ、公益性、持続性の仮面をかぶりつつ、その背後に、運動不能、貪欲な享楽追求、我欲、個別の利益、悪しき心づもりを隠しもつドン・キホーテだと言い、また、ぬけ目のない独占者だと公言する。かれらのいう記念品や詩情や熱狂にたいしては、ロマン的な城砦を舞台に展開された、かれらの歴史的な下劣さ、残酷さ、横柄さ、売淫、不名誉、無秩序、暴動を皮肉たっぷりに数え上げることによって、水をかけるのだ。

動産の主張によると、国民に政治的自由をもたらしたのは動産であり、市民社会の桎梏を断ち切り、世界をたがいに結合し、友好的な商取引、純粋道徳、好ましい教養を作り出したのは動産である。国民に、粗野な欲求に代わる文明的な欲求と、それを満たす手段をあたえたのは動産であって、反対に、地主の——この怠惰な、ただの厄介者の穀物高利貸しの——やったことといえば、国民の基本的な生活手段を騰貴させ、もって、労働の生産性は向上しないのに賃金は上げざるをえないよう資本家を追いこむことだった。こうして、国民の年収入の増加と、資本の蓄積を妨げ、国民に労働をあたえて国を富ます可能性を妨げ、ついにはその可能性をまったく無に帰し、社会全体を没落へと向かわせ、近代文明のすべての利益を不当にむさぼりながら、なに一つ文明に貢献せず、おのれの封建的偏見を捨て去ることもしないありさまだというのだ。

動産は最後にこう主張する。地主は——農耕と土地を自分に進呈された金づるとしか思えない地主は——せめて借地人だけにでも目を向け、自分が愚直で、空想的で、ずる賢い悪党でないかどうか考えてみるがいいのだ、と。地主がどんなに抗弁し、歴史的な思い出や道徳的・政治的目的についてどんなにおしゃべりしようと、かれは心のなかでも現実においても、ずっと以前から自由な工業と好ましい商業に加担している。かれが自分の弁護のために現実にもち出す一切は、土地耕作者（資本家と労働奴隷）にとっての真実でしかなく、地主はむしろかれらの敵なのである。となると、地主の証言は地主を追いつめることになる。資本なくしては、土地財産は、死んだ、価値なき物質にすぎない。文明化にともなう資本の勝利とは、まさに、死んだ物の代わりに人間の労働を富の源泉として発見し、作り出したことにある。以上が動産の言い分だ（ポール・ルイ・クーリエ、サン・シモン、ガニール、リカード、ミル、マカロック、デステュット・ド・トラシー、ミシェル・シュヴァリエを参照）。

（付け加えて言えば）現実の発展過程から生じてくるのは、資本家の――つまり、完成された私有財産の――地主にたいする――つまり、未完成の、中途半端な私有財産にたいする――必然的勝利という帰結だ。もとをただせば、運動が不動に勝利し、あからさまの、自覚的な低俗さが、隠された、無意識の低俗さに勝利し、所有欲が享楽欲に、啓蒙の公然たる、不断の、如才のない利己心が、迷信の地方的で、世智に長《た》け、愚直で、怠惰で、空想的な利己心に、さらには、貨幣が私有財産の他の形式に勝利せざるをえないのである。

完成された自由な工業と、完成された純粋道徳と、完成された友好的な商業に、なにやら危険なものを予感する国家は、土地財産の資本化をおしとどめようとはするが、それはまったく功を奏さない。

土地財産は、資本とはちがって、いまだ地方的・政治的な偏見につきまとわれた私有財産であり、世間とのしがらみを断ち切って自分のもとへと還ってきてはいない、不完全な資本だ。それは、自分の世界を形成する過程のなかで、抽象的で純粋な表現へと到達しなければならないのだ。

私有財産のありかたは、労働と資本とこの両者の関係にかかわる。

労働と資本が通過していく運動は、以下のような形をとる。

第一に、両者の直接的な統一、または間接的な統一。

資本と労働は最初はまだ一体化している。次に、分離され、疎遠になるが、しかし、たがいに積極的な条件として高め合い、促進し合う。

両者の対立。両者はたがいに排除し合う。労働者は資本家を、資本家は労働者を、自分の非存在として認識する。それぞれは相手から自分の存在を奪いとろうとする。それぞれが自分自身と対立する。資本＝蓄積された労働＝労働。このようなものとして資本は自己と利子に分裂し、利子は利子と利益に分裂する。資本家の徹底した犠牲。資本家は労働者階級に転落し、労働者が——例外的なことにすぎないが——資本家になる。資本の要素、資本のコストとしての労働。したがって、賃金は資本の犠牲の一つだ。

労働は自己と賃金に分裂する。労働者自身が一つの資本であり、一つの商品である。たがいに敵意をもつ対立。

第三草稿

一．私有財産と労働

私有財産の主体的な本質が、いいかえれば、自立した活動としての、主体としての、人格としての私有財産が、労働である。とすれば、いうまでもないことだが、労働を経済の原理として認識し、私有財産を、人間の外部にある物の状態ではない、と理解するに至った国民経済学――アダム・スミス――は、私有財産のもつ現実のエネルギーと運動が（意識のうちに自覚された私有財産の自立的運動、つまり、自己という形を取った近代工業が）生み出した学問であるとともに、近代工業のエネルギーと発展を加速し、賛美し、意識の力たらしめる学問と見ることができる。したがって、私有財産の内部に富の主体的な本質を発見した合理的な国民経済学にとっては、私有財産を人間の目の前にある対象的存在としか見ない重金主義者や重商主義者は、呪物崇拝者ないしカトリック教徒のように見える。エンゲルスがアダム・スミスを国民経済学のルターと名づけたのは当たっている。ルターは、外部世界の本質が宗教と信仰にあると認識し、もって異教的なカトリックに対立したし、宗教心を人間の内面的本質だと見なすことによって、外面的な宗教心を破棄したし、聖職者を俗人の心のうちに移しいれることによって、俗人の外部に存在する聖職者を否定したのだったが、同様に、国民経済学は、私有財産を人間のうちに取りこみ、人間こそが私有財産の本質だと認識することによって、人間の外部に、人間とは独立して存在する——したがって、外的なしかたでしか維持され、主張されえない——富を破棄し、富が思考を欠いた外的な対象として存在することを否定したのだった。が、そうなると、ルターの場合に人間が宗教の枠内でとらえられたように、私有財産の枠内で人間そのものがとらえられることになる。とすると、労働を原理とする国民経済学は、人間を承認するかに見えながら、実際は、人間拒否の道をどこまでも突きすすんでいるにすぎない。国民経済学のとらえる人間は、外部にある私有財産と外的緊張関係を保つことがなくなって、みずからが私有財産の緊張した本質となっているのだから。

以前は人間が自分を外化して物となり、それが私有財産とされたのだったが、いまやこの外化の行為が、売り渡しが、問題となるのだ。つまり、国民経済学は出発点において人間を承認し、人間の自立性や自己活動を承認するかに装いながら、私有財産を人間の本質へと移しいれたとなると、私有財産の地方的性質や国民的性質を経済学の外に押しやって、もはやそれに制約されることはなくなる。そして、あらゆる制約と拘束を投げすてた、世界大に広がるような一般的エネルギーを発揮しつつ、自分こそが唯一の一般的政策であり、制約であり、拘束であると主張するに至る。が、さらに先へと進むと、この偽善的態度を捨てて、まったくの冷笑家にならざるをえない。国民経済学は、その理論にまつわるさまざまの矛盾らしきものにおかまいなく、いっそう一面的に、尖鋭に、首尾一貫して、労働を富の唯一の本質として展開し、理論の行き着くところ、もともとのスミスのとらえかたとは裏腹に、国民経済学が人間に敵対するものであることを明らかにし、労働の運動から独立に存在する地代にとどめを刺すことになる。このとき、地代は、個人的・自然的に存仕する私有財産の最後の存在であり、最後の富の源泉なのだが、すでにまったく国民経済学のなかに取りこまれ、国民経済学にたいする抵抗力を失った封建財産となっているのだ（リカード学派を参照）。国民経済学の冷笑的態度が、スミスからセイを経てリカードやミルへと向かうにつれてしだいに強くなるのは、工業のもたらす結果がリカードやミルの目の前に、より明確に、より矛盾に満ちた形であらわれるからだが、それだけではない。リカードやミルは、先行の国民経済学者よりも積極的に、意識的に、人間疎外の道を進むのであって、それこそが国民経済学という学問の一貫した正しい歩みというものだ。国民経済学が、活動する私有財産こそ主体だと考え、人間こそ本質だと考え、非本質的存在たる人間を本質だと考える以上、現実世界の矛盾は、国民経済学の原理たる、矛盾に満ちた本質の上にそっくりそのまま投影される。工業の分裂した現実は、国民経済学の内部分裂した原理に背を向けるものではなく、それによく見合っている。国民経済学の原理は分裂の原理なのだから。

ケネー博士の重農主義理論が、重商主義からアダム・スミスへと向かう通路となった。重農主義とは、まさに国民経済学の線に沿って封建的財産を解体するものだが、だからこそまさに、国民経済学の線に沿って封建的財産を変形し再建するものでもあって、ただ、ことば遣《づか》いが封建的ではなく経済的になっただけだともいえる。すべての富は土地と農耕（農業）に解消される。土地はいまだ資本ではないが、資本の特殊な存在形態ではあって、自然に備わったその特殊性ゆえに価値があるとされる。が、土地は、一般的な、自然に根ざした基礎的存在であって、たいしていえば、重商主義は貴金属にしか富は存在しないと考える。土地は、富の対象ないし素材として、自然という限界のもとで最高の一般性を獲得したのだが、それも、土地が自然という形で直接目に見える富であるからこそだ。ところで、土地は労働によって、農業によって、初めて人間に役立つものとなる。だから、富の主体的本質は、すでに労働のうちに入りこんでいる。しかし同時に、農業が唯一の生産的労働とされる。だから、労働はいまだ一般的・抽象的にとらえられているわけではなく、素材となる特殊な自然的要素に結びつけられ、特殊な、自然に縛られた存在形態のもとでしか認識されていない。したがって、労働は、まずもって、限定された、特殊な人間の外化であるし、労働の産物も限定された富として――労働そのものよりも自然に属する富として――とらえられている。ここでは、土地はなお人間から独立した自然存在として承認され、いまだ資本として――労働の一要素として――承認されてはいない。かえって、労働のほうが土地の要素のように見える。しかし、対象としてしか存在しない、古い、外的な富の呪物崇拝が、土地というきわめて単純な自然要素に切りつめられ、その本質が、当初は部分的ではあれ、特別の主体的存在のうちにあると認められたとなれば、必然的な道筋として、富の一般的本質が認識され、絶対的・抽象的な労働が原理へと高められることになる。農業は、経済的という唯一正当な観点からすると、ほかのどんな産業とも区別されるものではないこと、したがって、限定された労働、つまり、特殊な要素に結びついた、特殊な労働の外化ではなく、限定のつかない労働一般が富の本質をなすこと、そのことが重農主義にたいして証明されるのである。

重農主義が、労働こそ富の本質だと言うとき、ただ対象としてあるだけの、特殊な、外的な富を否定している。しかし、かれらにとって労働とは、さしあたり、土地財産の主体的本質をなすものにすぎない（かれらは歴史的に有力な、周知の財産から出発するのだ）。かれらが人間の外化と見なすのは土地財産だけだ。かれらは、産業（農業）こそがその本質だと言う以上、土地財産の封建的性格を捨て去ってはいるが、その一方、農業こそ唯一の産業だと言う以上、産業の世界を否定し、封建制度を承認している。

いうまでもなく、土地財産と対立しつつ、まさしく産業として構築される産業の主体的本質が明確にとらえられたとなると、この本質は土地財産という対立物をも内にふくむことになる。産業が、破棄された土地財産を内にふくむように、産業の主体的本質たる労働は、土地財産の主体的本質たる農耕を内にふくむのだ。

土地財産が私有財産の最初の形態であり、産業は、特殊な財産形態としてまずは歴史的にそれと対立しつつ登場するのだが——あるいはむしろ、土地財産の奴隷の解放された姿なのだが——、私有財産の主体的本質たる労働を学問的に把握する作業のもとで、同じ過程がくりかえされるので、労働はまずもって農耕労働としてしかあらわれず、次いで労働一般として姿をあらわすのだ。

　すべての富は産業的な富——労働の富——となる。産業こそは労働の完成形であって、工場制度は産業の、つまり労働の、成熟したありさまであり、産業資本は私有財産の完成した客観的な形態である。

　こうして、私有財産がいかにして人間への支配を完成し、もっとも一般的な形で世界史を動かす力となるかが明らかになる。

二　社会的存在としての人間

しかし、財産をもっていないかいるか、という対立は、労働と資本との対立として概念的にとらえられないかぎり、いまだ輪郭のはっきりしない対立、いまだ内面的なありようと活動的に関係することのない対立、いまだ矛盾としてとらえられていない対立である。私有財産がそれほど広がっていない古代ローマやトルコにおいても、この対立が初歩的な形で人びとの口にのぼることはある。私有財産が発展した動きを示さない場面での対立のあらわれだ。しかし、財産を排除した場面でなりたつ、私有財産の主体的本質たる労働と、労働を排除しつつなりたつ、労働の客体化としての資本は、私有財産が矛盾の関係へと発展したものであり、したがって、エネルギッシュに解体への道を突きすすむような矛盾の関係である。

自己疎外の克服は自己疎外の歩みと同じ過程をたどる。最初は私有財産は客観的な側面のみが――とはいえ、労働がその本質をなすことに変わりはないが――観察される。その存在形態が資本であり、資本そのものが廃棄すべきものとされる（プルードン）。また、特殊な形の労働――均質化され、細分化された不自由な労働――のうちに、私有財産とその人間疎外的なありかたのもつ有害さの源を見るのがフーリエで、フーリエは重農主義者にふさわしく、農耕労働を少なくとももすぐれたものと考える。これに反して、サン・シモンは産業労働こそが本質だと明言し、さらには、産業家の単独支配と、労働者の状況の改善とを希求する。最後に、共産主義は私有財産の廃棄を積極的に言明するものであり、さしあたり私有財産の一般化を主張するものだ。私有財産の関係を一般的にとらえる共産主義には、以下の三つの形がある。

(一) 第一の形態においては、私有財産が一般化され、完成されるだけだ。ここでは、共産主義は二重の形態を取ってあらわれる。物としての財産の支配があまりに大きく立ちはだかるために、共産主義は、私有財産として万人に所有されえないものすべてを否定しようとする。才能その他は強制的に無視される。物質的な、目に見える所有が、生きてあることの唯一の目的だとされる。労働者という規定は破棄されるのではなく、万人に押しひろげられる。私有財産をめぐる関係は、物の世界と共同体との関係にとどまっている。私有財産に共同体所有の財産を対置するこの運動は、ついには、結婚（いうまでもなく排他的な私有財産の一形式としての結婚）に、（女性が共同体の共有財産になるという）女性共有を対置する、という動物的形態を取るに至る。女性共有というこの思想は、いまだまったく粗野で無思想な共産主義の秘密をあからさまにするものといわねばならない。女性が結婚から共同体相手の売春へと向かうのに見合って、人間の活動を対象化した富の世界全体が、一人の私的所有者と結婚するという関係をぬけ出して、共同体相手の普遍的な売春の関係に向かうというわけだ。この共産主義は、至る所で人間の人格性を否定するのだから、人格性の否定にほかならぬ私有財産から出てきた、まさしくその延長線上にある表現にすぎない。みんなに共有されて力を確立した嫉妬心の背後には、所有欲が姿をあらわし、それが私有とはちがう形で満たされるというだけのことだ。どんな私有財産をも共有化しようとする思想は、少なくとも人並以上の私有財産にたいして嫉妬心をもち、平均化しようとするわけで、それが競争の本体をなす場合すらなくはない。粗野な共産主義とは、最小限の私有財産のイメージをきっかけにして生じた、このような嫉妬心や平均化の完成形にすぎない。尺度が狭く限定されている。このような私有財産の廃棄は、現実になにかを獲得する方向へと向かうことがおよそない。その証拠として、この共産主義が教養と文明の世界全体を全面否定し、私有財産を超えるどころか、いまだそこに到着すらしていない、貧しい無欲な人間の、不自然なまでに単純素朴な生活に還っていこうとする事実を挙げておこう。

ここにいう共同体は労働の共同体にすぎず、共同体の資本が――一般的な資本家としての共同体が――同じ給料を支払うというにすぎない。関係する二つの側面――労働と資本――は、頭のなかで一般化され、労働はだれもがそこに身を置くものとされ、資本は一般性を承認されて共同体の権力となっている。

女性を共同体的な肉欲の餌食ないし下女と見なす、という女性との関係のうちに、人間が自分と向き合う際の無限の堕落のさまが語られている。というのも、人間が自分と向き合う関係の秘密は、男性と女性との関係のうちに――直接的で自然な類的関係のとらえかたのうちに――明瞭な、断固とした、あからさまな形で示されているからだ。人間と人間との直接的で、自然で、必然的な関係が、女にたいする男の関係だ。類のこの自然な関係においては、自然にたいする人間の関係が、そのまま人間にたいいする人間の関係となり、人間にたいする人間の関係が、そのまま自然にたいする人間の関係――人間の自然なありかた――となっている。だから、この関係においては、人間の本質がどこまで自然に近づき、自然がどこまで人間の本質となっているかが、目に見える事実の形を取って感覚的にあらわれる。とすれば、この関係をもとに、人間の文化段階の全体を判断することができる。この関係の性格をもとに、人間がどこまで類的存在としての人間となり、どこまで類的存在であることを自覚しているかを判定できる。女にたいする男の関係は、人間と人間とのもっとも自然な関係なのだから。したがって、この関係のうちには、人間の自然なふるまいがどこまで人間的なものになり、人間の本質がどこまで自然の本質になり、人間の本性がどこまで自然に近づいているかが示されている。また、人間の欲求がどこまで人間的な欲求となり、他の人間がどこまで人間として欲求され、個人そのものとしてある人間が、同時に、どこまで共同の存在なのかが、示されている。

したがって、最初の積極的な私有財産廃棄の試みである、粗野な共産主義は、私有財産の下劣さを脱し切れていない。それは、私有財産を積極的な共同存在と見なす思想にすぎない。

(二) (α) いまだ政治的な次元をぬけ出していない民主的共産主義、あるいは専制的共産主義。(β) 国家の廃棄を主張はするが、同時に、不完全な部分を残し、人間を疎外する私有財産につねに侵害される共産主義。この二つの形態の共産主義は、みずからが人間の再統合ないし人間の自己への還帰であり、人間の自己疎外の克服であると知ってはいる。が、私有財産の積極的本質をとらえず、欲求の人間的な特性を理解してはいないために、いまだなお私有財産にとらわれ、汚染されている。私有財産の概念をとらえてはいるが、いまだその本質をとらえてはいないのだ。

(三) 第三の共産主義とは、自己疎外の根本因たる私有財産を積極的に破棄する試みであり、人間の力を通じて、人間のために、人間の本質をわがものとするような試みである。それは、人類がこれまで発展させてきた富の全体のなかから意識的に生じてくる、人間の完全な回復であり、社会的な人間の、つまり人間的な人間の、完全な回復である。この共産主義は人間主義と自然主義とが完全に一体化したものである。人間と自然との抗争、および、人間と人間との抗争を真に解決するものであり、実在と本質、対象化と自己確認、自由と必然性、個人と類とのあいだの葛藤を、真に解決するものである。それは、歴史の謎を解決するものであり、解決の自覚である。

とすると、歴史の運動の全体が、共産主義を現実に生み出す行動——共産主義を目の前に存在させる行動——であるといえるが、とともに、共産主義を思考する意識にとっては、歴史の全体が共産主義の生成を概念的・知的に示す運動だといえる。一方、先に述べたいまだ不完全な共産主義は、運動の全体をとらえるのではなく、私有財産に対立する個別の歴史的形態から歴史的証明を引き出そうとするものであり、現存体制のうちに証明を求めようとするものだ。（カベーやヴィルガルデルなどがとりわけ得意気にやってることだが）歴史の運動から個々の要素をぬき出し、おのれの歴史的純血性の証拠として提示するというのが、そのやりかただ。そんなやりかたを取ることのうちに、歴史の運動のはるかに大きな部分が未完成の共産主義の主張と矛盾することが示されているし、そして、かつてどこかでそれが実現されたとすれば、すでに過ぎ去った存在であることのうちに、それを歴史の本質だとする思い上がりの許されないことが示されている。

私有財産の運動のうちに——まさしく経済の運動のうちに——全革命運動がみずからの経験的土台をも理論的土台をも見いだすこと、そのことの必然性は、容易に見てとることができよう。

物質的な、直接目に見える私有財産は、疎外された人間の生活を物質的・感覚的に表現している。その運動——生産と消費——は、これまでのすべての生産の——すなわち、人間の実現と現実の——感覚的な啓示である。宗教、家族、国家、法、道徳、学問、芸術、等々は、その一つ一つが人間の生産活動の特殊なありようであって、生産活動の一般法則に従って営まれる。とすれば、私有財産の積極的な廃棄による人間的な生活の獲得は、すべての疎外の積極的な廃棄であり、人間が宗教、家族、国家、等々から解放されて、人間的な——つまり、社会的な——存在へと還っていくことだ。宗教的疎外は、人間の内面に位置する意識の領域においてしか進行しないが、経済的な疎外は、現実の生活を疎外するものであり、その廃棄は、内面にも外界にもかかわる廃棄だ。いうまでもなく、この廃棄の運動がさまざまな国民のもとでどう始まるかは、一般に認められた真なる国民生活が、意識のうちで進行する観念的生活なのか、外界で進行する現実的な生活なのかによって決まってくる。共産主義は無神論のすぐあとに始まるが（オーウェン）、無神論は、当初は、共産主義とは遠く離れた、どちらかといえば抽象的な観念にすぎない。だから、無神論の人間愛は、さしあたり哲学的・抽象的な人間愛にすぎないが、共産主義の人間愛は、ただちに現実へと向かい、すぐにも活動しようと緊張している。

これまでわたしたちは、私有財産の積極的廃棄という前提のもとで人間がどのようにして人間を——自分自身と他の人間を——生産するのかを見てきた。また、人間の個性を直接に実証する対象が、同時に、どのようにして他の人間にたいするその人自身の存在となり、他人の存在ともなり、その人にたいする他人の存在ともなるかを見てきた。が、同様に、労働の素材と主体としての人間は、運動の結果でもあるし、出発点でもある（そして、この二つが出発点でなければならないところに、私有財産の歴史的必然性がある）。とすると、社会的であるという点にこそ、運動全体の一般的性格を見てとることができる。社会そのものが人間を人間として生産するとともに、逆に、社会が人間によって生産される。活動と享受は、その内容からしても存在様式からしても、社会的だ。社会的活動であり社会的享受だ。自然の人間的本質は社会的な人間によって初めて自覚される。というのも、社会的な人間によって初めて、自然の人間的本質が人間をつなぐ絆《きずな》として、自分と他人のたがいに出会う場として、また、人間の現実に生きる場として自覚されるからだし、みずからの人間的な生活の基礎として自覚されるからだ。社会的な人間にとって初めて、その自然な生活が人間的な生活となり、自然が人間化される。だとすれば、社会とは、人間と自然とをその本質において統一するものであり、自然の真の復活であり、人間の自然主義の達成であり、自然の人間主義の達成である。

〔欄外メモ〕売淫は労働者の一般的な売淫の特殊な表現にすぎない。そして、売淫とは売淫させられるほうだけでなく、売淫させるほうもかかわりをもつ——させるほうがいっそう下劣であるような——関係であって資本家もその一角を占めている。)

社会的活動と社会的享受は、目に見える共同の活動と共同の享受のうちにだけ存在する、というものではない。人々が目に見える形でいっしょになっておこなう共同の活動と享受が、至る所にあらわれ、そこでは、社会性がその本質と本性にかなう形で直接に表現されているのは確かなのだが。

たとえばわたしが学問的活動にたずさわっているとき、わたしは目に見える形で他人と共同作業をすることはめったにないが、にもかかわらず、わたしは、人間として活動しているがゆえに、社会的な存在である。わたしの活動の素材が——たとえば、思想家の活動の素材たる言語が——社会的産物としてあたえられるというだけでなく、わたしの営みそのものが社会的活動なのだ。わたしは、自分のうちから作り出すものを、社会にたいして作り出すのであり、自分が社会的存在であることを意識しつつ作り出すのだ。

今日では、一般的意識というと、現実の生活からの抽象であり、現実の生活に敵対するものとされてはいるが、実のところ、わたしの一般的意識とは、現実の共同体、ないし社会的存在のうちに生きた姿をあらわしているものを、理論的な形に移したものにすぎない。したがって、わたしの一般的意識の活動もまた、一般的意識の活動であることからして、社会的存在の理論化されたものだ。

なによりも避けなければならないのは、「社会」を抽象体ととらえて個人と対立させることだ。個人は社会的存在なのだ。だから、個人の生命の発現は、他人とともになされる共同の生命の発現という形を直接に取ってはいなくても、社会的生命の発現であり証明である。人間の個人的生活と類的生活は別々のものではない。

人間が自分を類として意識するということは、自分が現実に社会生活を送っていることを確認し、自分のその現実のありかたを思考のうちで反復するということだ。逆に、類としての存在が類の意識のなかで確認され、思考する存在という一般的なありかたのうちで自覚される。

したがって、人間がどこまでも特殊な個人であり、その特殊性こそが人間を個人たらしめ、個としてある現実の共同存在たらしめているとしても、その一方で、人間は全体的存在であり、観念的に全体を見通す存在であり、思考され感覚される社会を自覚する主体的存在であって、社会のありさまを直観し現実に受けいれるとともに、人間的な生命を発現する全体的存在として現実を生きている。

だから、思考と存在は別々のものではあるが、同時に、たがいに一体化してもいるのだ。

死は、特定の個人にたいする類の冷厳な勝利であり、個人と類との統一に矛盾するように見える。しかし、特定の個人は特定の類的存在にすぎないのであって、特定の存在であるからには死をまぬがれない。

㈣ 私有財産とは、人間が、自分を対象とすると同時に、自分にとって疎遠な、非人間的な対象となることを感覚的に表現するものである。いいかえれば、人間の生命の発現が生命の外化であり、人間の現実化が現実剝奪であり現実を疎遠にすることであるのを、感覚的に表現するものにほかならない。だとすれば、私有財産の積極的廃棄たる、人間的な存在と生活の感覚的獲得——対象としての人間、および人間の仕事を、人間のために、人間の力によって感覚的に獲得すること——は、なにかを所有し、なにかをもつという、直接的で一面的な享受としてとらえるだけでは足りない。人間はおのれの全面的存在を全面的に——つまり、全体的人間として——わがものとするのだ。世界にたいする人間的な関係の一つ一つが、つまり、見る、聞く、嗅ぐ、味わう、感じる、考える、直観する、感じとる、意志する、活動する、愛する、等々が、要するに、（形の上で直接に共同性を示す器官をふくめて）人間の個性的な器官のすべてが、対象としてのあらわれかたや対象とのかかわりにおいて、対象をわがものとする働きなのだ。人間的現実をわがものとする対象とのかかわりは、人間的現実を実現する行為なのだ。だから、その行為は、人間の本質規定と活動が多様であるのに見合って、多様な形を取る。それは人間の活動であるとともに、人間の苦悩でもある。苦悩は、人間に即してとらえれば、人間が自己を享受する一つの形なのだから。

私有財産のおかげで、わたしたちのものの考えかたは大変に愚かで一面的なものになっているため、なにかを自分のものだと感じるにはそれを所有しなければならない。つまり、それが資本として手元に存在しなければならない。あるいは、それを直接に手にするとか、飲むとか、身につけるとか、そこに住むとか、要するに、それを使用するのでなければならない。とはいえ、私有財産の立場からすれば、所有を直接に体でもって実現するこうしたすべての行為は、生活の手段にすぎない。そういう行為を手段としてなりたっている生活とは、私有財産の支配下にある生活であり、労働と資本化にもとづく生活である。

かくて、すべての肉体的・精神的な感覚に代わって、すべての感覚を単純に疎外したところになりたつ「所有」の感覚が登場してくる。人間は、自分の内面的な富を自分の外へと産み出すために、所有の感覚という絶対的貧困へと追いこまれざるをえなかったのだ。（所有のカテゴリーについては「二十一ボーゲン」誌のヘスの論文を参照。）

したがって、私有財産の廃棄は人間のすべての感覚と特性の全面的な解放である。が、それが解放といえるのは、人間の感覚と特性が、主観的にも客観的にも、まさしく人間的なものになるからだ。目が人間の目になるのは、目の対象が、人間によって、人間のために作り出された、社会的で人間的な対象になるのと並行する現象だ。つまり、人間の感覚は、直接に実践のなかで理論的な力を獲得していく。感覚は、ものごとへの関心ゆえにものごとにかかわるが、ものごと自体は、おのれにたいしても人間にたいしても、対象的・人間的にかかわるのだ。ものごとが人間にたいして人間的にかかわるからこそ、実践においてわたしはものごとと人間的にかかわることができる。こうして、なにかに役立つとは人間に役立つということになるから、欲求や享受は利己的な性格を失い、自然がそのままで役に立つということもなくなる。

同様に、他人の感覚や享受も、わたし自身の獲得物となっている。直接の感覚器官のほかに、社会という形式のなかで社会的な器官が形成される。たとえば、直接に他人と共同でなされる活動が、わたしの生命発現の一器官となり、わたしの人間的生活獲得の一方法となるのだ。

人間の目が、粗野な非人間的な目とは異なる形でものを享受し、人間の耳が、粗野な耳とは異なる形でものを享受するのは、いうまでもない。

すでに見たように、人間が対象のうちにおのれを失わないで済むのは、対象が人間的な対象、もしくは対象的な人間としてあらわれる場合に限られる。それが可能なのは、対象が社会的対象となり、人間が社会的存在となるからであり、社会の本質が対象のうちにすがたをあらわすからだ。

したがって、社会に生きる人間にとっては、至る所で対象的現実が人間本来の能力の現実化として、人間的な現実として、かれ自身の本来の能力の現実化として生じてくるから、かれにとってすべての対象はかれ自身の対象化として、かれの個性を確証し実現する対象として、まさしくかれの対象としてあらわれる。かれ自身が対象となるのだ。対象がどのようにしてかれの対象となるかは、対象の性質とそれにふさわしい本来の能力の性質とによって決まってくる。この関係の具体的なありかたが、人間と対象世界とが現実にどこまで肯定し合えるかを決定するのだ。一つの対象が、目にたいするのと耳にたいするのとでは別のあらわれかたをするし、目の対象と耳の対象は別ものである。それぞれの能力に備わる固有の性質が、その力の固有の本質をなし、また、対象化のしかたや、生きた対象的・現実的存在のありかたを決定する。人間は思考の場面においてだけでなく、すべての感覚を備えたまるごとの存在として、対象的世界のなかで肯定されるのだ。

これを主体に即してとらえると、こうも言える。人間の音楽的感覚は音楽によって初めて呼びさまされるので、非音楽的な耳にとっては、最高に美しい音楽でさえ、いかなる意味ももたないし、音楽として対象になることがない。というのも、わたしの対象はわたしの本来の能力の一つを証明するものにほかならず、わたしがわたしの本来の能力を主体的能力として自覚するかぎりでしか、対象はわたしにとって存在しないからだ。対象がわたしにとって意味をもつかどうかは、（当の対象にふさわしい感覚にたいしてしか意味をもたないのだが、）わたしの感覚が対象世界にどこまで入りこむかによって決まってくる。だから、社会的人間のもつ感覚は、非社会的人間のもつ感覚とは別ものである。人間の本質が、対象の形を取った富を積み上げるなかで初めて、主体的で人間的な感性のゆたかさが形作られ、産み出される。そのなかで初めて、音楽的な耳が、あるいは、形の美しさをとらえる目が、要するに、ものごとを人間的に享受しうる感覚、人間本来の能力の存在を証明しうる感覚が、形作られ、産み出される。というのも、人間の五感のみならず、いわゆる精神的な感覚や実践的感覚（意志や愛など）までもが――一言でいえば、人間的な感覚、ないし、感覚の人間性が――それに見合う対象の存在によって、つまり、人間化された自然によって、初めて生じてくるからだ。五感の形成は、これまでの世界史の全体によってなしとげられた成果なのだ。粗野な実践的欲求にとらわれている感覚は、偏狭な感覚しかもたない。飢えで死にそうな人間にとっては人間らしい料理の形は存在せず、食べものはただ腹の足しになるだけの抽象的存在だ。どんなに野蛮な出しかたをされてもよく、その食事行為は動物の食事行為と変わるところがない。また、心配事で頭が一杯の追いつめられた人間は、どんなに美しい芝居を見てもなにも感じないし、鉱物商人は、商売上の価値に目が行くだけで、鉱物の美しさや固有の性質は目に入らない。鉱物学的感覚をもっていないのだ。となると、人間の感覚を人間的なものにするためにも、また、人間界および自然界の富の全体に拮抗しうる人間的感覚を作り出すためにも、理論的かつ実践的に人間の本質を対象化する必要があるといえる。

生成しつつある社会は、このような人間的感覚の形成のための素材を、私有財産の運動や、富と貧困の——物質的・精神的な富と貧困の——運動のうちに見いだすのだが、そうやって生成してきた社会は、その本質に備わる富の全体を開花させた人間——ゆたかな、広く深い感覚をもった人間——を、変わることのない社会の現実として生産することになる。

見られるように、主観主義と客観主義、唯心論と唯物論、能動と受動は、社会的状況のなかで初めて対立するものではなくなり、対立項として存在するのをやめる。また、理論的対立は実践的にしか、人間の実践的エネルギーによってしか、解決できず、したがって、その解決は理論のみが引き受ける課題ではまったくなく、生活の場での現実的課題であって、それを理論的課題としてしかとらえない哲学によっては解決できないのは明らかだ。

見られるように、産業の歴史と、対象として目の前にある産業の姿は、人間本来の能力を読みとれる手近な書物であり、人間の心理を目に見える形にしたものだが、これまでは人間の本質と結びつけられることがなく、つねに外的な功利性の観点からしかとらえられなかった。というのも、人びとは疎外された世界の内部で動いているために、人間の一般的ありかたである、宗教や歴史や、抽象的・一般的な政治や芸術や文学などを、人間本来の能力の現実の姿として、人間の類的行為として、とらえることしかできなかったからだ。通常の物質的な産業はそうした一般的な動きの一部としてとらえることができるし、(これまでの人間活動のすべては労働であり、産業であり、自己疎外された活動だったのだから)産業の一特殊部分ととらえることもできるのだが、そこにおいて、感覚的で、疎遠な、役に立つ対象という形式のもとに――疎外という形式のもとに――人間本来の能力が対象化されてあらわれているのだ。この書物に――感覚的にもっとも身近な、もっとも近づきやすい歴史のこの部分に――目を向けないような心理学は、現実的な、内容ゆたかな、具体的な学問になることができない。人間の活動を大きくかかえこんだこのゆたかな領域が、学問に向かって「欲求」

とか「低俗な欲求」とかの一言で片付けられることしか言わないからという理由で、人間労働のこの大きな部分を上品ぶって無視したまま、自分が不完全だとは感じることのない学問について、一体どう考えたらいいのか。

自然科学は巨大な活動を展開し、たえず増加していく素材を手中に収めてきた。けれども、哲学と自然科学はたがいに離れた位置に立ったままだ。一時的に一体化したと見えたのは、はかない幻影にすぎなかった。意志はあったが、能力がともなわなかったのだ。歴史記述が自然科学に目を向けたのも、啓蒙や実用性や個々の大発見にまつわるおざなりの注視にすぎなかった。しかし、自然科学は、一見して非人間化を完成せざるをえないものではあるが、産業を媒介にしたその活動は、実践的に人間の生活に深く入りこみ、人間の生活を改革して人間の解放を準備するものとなっている。産業は人間にたいする自然の——したがって、自然科学の——現実的・歴史的な関係を示すものだから、産業が人間本来の能力を大らかに開示するものだととらえられるなら、自然の人間的本質と人間の自然的本質とがともに理解されるようになり、かくて、自然科学は、物質一辺倒の観念的な方向性を捨てて、人間的な学問の土台となるはずだ。実際、いまの自然科学は、疎外された形態を取ってはいても、すでに現実の人間生活の土台になっているのであって、生活と学問にそれ以外の土台があるとするのは、はなからまちがっている。人間の歴史のうちに――人間社会の生成行為のうちに――生成してくる自然こそが、人間にとっての現実の自然だ。産業の生みだした自然こそが、疎外された形を取ってはいても、真の人間的な自然なのだ。

感覚（フォイエルバッハを見よ）はすべての学問の土台でなければならない。学問が感覚から――感覚的意識と感覚的欲求という二重の形態をとる感覚から――出発するとき、つまり、学問が自然から出発するとき、そのとき初めて、学問は現実的な学問となる。「人間」が感覚的意識の対象となり、「人間らしい人間」の欲求が人びとの欲求となることこそが求められているので、人類史の全体はそのための準備の歴史、そこに向かう発展の歴史なのだ。人類史とは、自然史の――自然が人間となる歴史の――現実的な一部分だ。自然の学はのちには人間の学になるし、人間の学は自然の学を内にふくむことになる。こうして、一つの学が出来上がるのだ。

人間は自然科学の直接の対象である。人間にとって直接に感覚できる自然とは、すぐそこにある人間の感覚であり、感覚できるものとして目の前にいる他の人間なのだから。自分の感覚は他の人間を通して初めて人間的感覚として自覚される。が、自然こそは、人間の学問がまず目の前にする対象だ。人間の最初の対象——つまり、人間——は、自然であり感覚であって、人間のさまざまの感覚的能力は、自然的対象のうちにしか対象的に実現されず、自然科学のうちにしか自分の姿を認識することができない。思考そのものの要素——思想の形を取る生命発現の要素——にほかならぬ言語が、そもそも感覚的な自然なのだ。自然が社会的現実としてあることと、人間的な自然科学もしくは人間についての自然科学とは、内容が同じなのだ。

見られるように、国民経済学のいう富と貧困に代わって、ゆたかな人間とゆたかな人間的欲求があらわれる。ゆたかな人間とは、同時に、人間的生命の総体としての発現を欲求する人間である。人間の富と貧困は——社会主義という前提のもとでは——ともに人間的かつ社会的な意味をもってくる。人間にとっては他人こそが最大の富だが、貧困が受動的な絆となって人間は他人を欲求するようになるのだ。内面にある対象的本質の支配や、本質活動の感覚的噴出が情熱と呼ばれるものだが、ここではその情熱がわたしの本質の活動ともなっている。

㈤　一つの存在は、自分の足で立つようになって初めて、自立した存在と認められるし、自分で自分の存在を支えられるようになって初めて、自分の足で立ったといえる。他人の恩恵で生きている人間は、自分のことを従属的な人間だと思っている。しかし、わたしが他人に生活を支えてもらうだけでなく、他人がわたしの生命の創造者であり、わたしの生命の源であるとなれば、わたしはまったく他人の恩恵で生きていることになり、わたしの創造物ではないわたしの生命は、当然、わたしの外に根拠をもつことになる。というわけで、創造という観念を民衆の意識から追い出すことは大変にむずかしい。自然と人間が自分の力で存在しているということは、実践生活上のさまざまな身近の事柄すべてに矛盾するがゆえに、民衆には理解しがたいのだ。

天地創造説は地質学によって——つまり、地球の形成ないし生成を自己産出の過程として記述する学問によって——大きくゆさぶられた。発生の過程がはっきりしない、というのが天地創造理論の側からする唯一の実質的な反論である。

さて、アリストテレスにならって一個人に次のように言うのは簡単だ。君は君の父と母によって産み出された、と。つまり、二人の人間の性行為が——人間の類としての行為が——、君という一人の人間を作り出したのだ。とすれば、人間は、肉体的にも、人間のおかげで存在していることが分かるはずだ。となると、一面で無限の過程に着目して、だれがわたしの父を産み、だれがわたしの祖父を産んだのか、と問いつづけねばならないし、のみならず、その過程に感覚的に見てとれる円環運動に着目して、産出過程には人間がくりかえし登場しつつ、つねに主体の位置を保っている、と考えねばならない。が、君の答えはこうだ。円環運動を認めた上で、わたしをつねに前へとかりたて、そもそも最初の人間と自然を産み出したのはだれかという問いにまで導く過程を、君は認めるべきだ、と。わたしには、君の問いは抽象の産物だ、と答えることしかできない。君はどうしてそんな問いに行きついたかを考えるとよい。君の問いはわたしの答えられないような、まちがった視点からなされたものではないのか、と考えてみてほしい。最初の創造へと行き着く過程そのものが、理性的思考にふさわしいかどうか考えるがいい。君が自然と人間の創造について問うとき、君は人間と自然とを捨象している。君は人間と自然を存在しないものと考えながら、その存在を証明せよとわたしに迫っている。ならば、わたしはこう言おう。抽象的思考を放棄すれば、君は君の問いをも放棄することになろう。抽象的思考に固執するなら、その論理を踏み外さないようにしたまえ。人間と自然とを存在しないものと考えるのなら、君自身もまた自然であり人間なのだから、君自身を存在しないものと考えたまえ。そして、考えることも、わたしに問うこともやめたまえ。君が考えたり問うたりしたとたん、自然の存在と人間の存在を捨象したことが意味をもたなくなるのだから。それとも君は、すべては無だと考えながら、すべてが存在してほしいと望むような、そんな利己主義者なのだろうか。

君はこう反論するかもしれない。わたしは自然を無だと考えるつもりはなく、解剖学者に骨の作られかたを問うように、自然の生成行為を問うているのだ、と。

しかし、社会主義的人間にとって、いわゆる世界史の全体が人間の労働による人間の産出にほかならず、人間にたいする自然の生成にほかならないとすれば、社会主義的人間は、自分による自分の誕生——人間の生成過程——にかんする直観的で、疑問の余地なき証明を手にしていることになる。人間と自然との本質的な関係が、つまり、人間が人間にとって自然の存在としてあり、自然が人間にとって人間の存在としてあることが、実践的・感覚的に直観できるものとなっていれば、自然と人間を超えた異質な存在への問いは——自然と人間の非本質性を告白するような問いは——もはや実践的に可能ではない。無神論は自然と人間の非本質性を拒否するものではあるが、神を否定し、その否定によって人間の存在を打ち立てる、という行きかたはもはや意味をもたない。社会主義なるものはそのような媒介を必要とせず、人間と自然とが本質であるという、理論的かつ実践的な感覚意識から出発するのだ。それは、宗教の廃棄に媒介されることのない、積極的な人間の自己意識であって、そのことは、現実の生活が、私有財産の廃棄——共産主義——に媒介されることのない、積極的な人間の現実であることに見合うものだ。共産主義は否定の否定という形を取る肯定であり、それゆえに、次なる歴史的発展にとって不可欠の、人間の解放と回復の現実的な要素ではある。共産主義は次なる未来の必然的な形態であり、エネルギーに満ちた原理ではあるが、それ自体が人間の発展の目標ではないし、人間社会の形態ではないのだ。

三、ヘーゲルの弁証法と哲学一般の批判

(六) ここで、順序として、ヘーゲルの弁証法について、とくに『精神現象学』と『論理学』における弁証法の展開について、そして最後に近年の批判の運動とヘーゲル哲学との関係について、その理解と正当性の評価に役立ついくつかの事柄に言及しておきたい。

最近のドイツの批判哲学者たちは、古い世界の内容に没頭し、素材のとりこになってしまったがために、批判の方法にかんしてはまったく無批判の態度を取り、一見形式的に見えながら、実は本質的な問いにほかならぬ、「ヘーゲルの弁証法とどう対決するか」という問いを、まったく意識しなくなってしまった。ヘーゲルの哲学、とくにヘーゲルの弁証法と近年の批判との関係についての無頓着ぶりは、まことに目に余るものがあって、シュトラウスやブルーノ・バウアーといった批判家までが、ヘーゲ

ル論理学の枠を出ることがない。シュトラウスは完全にその枠内にとどまっているし、ブルーノ・バウアーは（シュトラウスに反対し、「抽象的自然」という実体の代わりに抽象的人間の「自己意識」を擁立した）その著書『共観福音史家たち』においても、『暴《あば》かれたキリスト教』においてすらも、少なくともその方向性からすると、完全にヘーゲル論理学の枠内におさまっている。たとえば、『暴かれたキリスト教』にはこんな文言がある。「自己意識は世界のうちに区別を設定し、自分の生み出すもののうちに自分自身を生み出すのだが、というのも、生み出したものと自分自身との区別を廃棄し、生み出す作用と運動においてしか自分自身ではないのが自己意識だからだ。ところが、この自己意識が、ものを生み出すその運動のうちにおのれの目的をもたないかのように考える人がいる。」あるいはまた、「かれら（フランスの唯物論者たち）は、宇宙の運動が自己意識の運動として初めて現実に自覚され、自己自身との統一に至る、ということを理解できていない」ということばもある。もの言いにさえ、ヘーゲルのとらえかたとのちがいが示されず、ヘーゲルのことばがそのままくりかえされている。

批判の行為のさなかにも（『共観福音史家たち』）ヘーゲルの弁証法との関係が意識されず、内容的な批判の行為のあとにも関係の意識が生じてこなかったことは、バウ

と言っているところによくあらわれている。

グルッペ氏の出しゃばった問いにたいし、それはのちの批判家が答えるべき事柄だ、アーがその著書『自由の大義』のなかで、「さて、論理学をどうしたものか」という

さて、フォイエルバッハは、「アネクドータ」誌の「哲学改革のための暫定的提言」や、くわしくは『将来の哲学の根本命題』において、古い弁証法と哲学を根こそぎ引っくりかえしたのだが、そうした行為を実行するすべをもたなかった批判家たちは、代わりに、自分たちの批判を「純粋な、決定的な、絶対的な、くもりなき批判」だと公言するといった行為に出たのだった。かれらは精神主義的高慢さをもって、歴史の運動の全体を、「大衆」というカテゴリーでくくられた他なる世界と自分たち自身との関係に還元する。すべての独断的な対立を、自分たちの賢さと世界の愚かさとの――批判的キリストと「愚衆」としての人類との――ただ一つの独断的対立に解消し、毎日、毎時間、大衆のくだらなさと対比して自分たちの優秀さを証明する。そしてついには、堕落した人類の全体があちら側に群れをなし、グループごとに審査を受け、それぞれの塊が貧困証明書を受けとる日が近づいているといった形の、批判的な最後の審判を告知する始末だ。こうして、かれらは人間的感情を超え、世界を超えた

高みに立ち、高貴な孤独の玉座に腰を下ろして、ほんのときたま、嫌味たっぷりの唇のあいだからオリンポスの神々の哄笑を吐き出しつつ、みずからの高尚さを印刷に付しているのだ。批判の形式のもとでかろうじて生きながらえている観念論（青年ヘーゲル派）は、こうした数々のおかしなふるまいを重ねつつも、生みの親であるヘーゲルの弁証法と批判的に対決しなければならないのではないか、といった予感を一度たりとも口にしなかったし、フォイエルバッハの弁証法との批判的関係についてすら言及することがなかった。自分自身にたいしてまったく無批判なのが批判家たちの実態なのだ。

フォイエルバッハこそ、ヘーゲルの弁証法にたいして、真剣に、批判的に、向き合い、この方面で真の発見をなした唯一の批判家であり、古い哲学の真の克服者だ。業績の大きさと、それを世に問うもの静かな素朴さは、批判家たちの逆の態度と比べると、その対照に驚かざるをえない。

フォイエルバッハの偉業は以下の点にある。

㈠ 哲学は思想の形を取った、思考によって遂行された、宗教にほかならず、したがって、宗教と同じように断罪されるべきものであり、人間の本質を疎外するもう一つの形式ないし存在形態であることを証明したこと。

(二)「人間と人間との」社会的関係を理論の根本原理とすることによって、真の唯物論と現実的な学問の基礎づけをなしたこと。

(三)右の基礎づけのもう一つの要点として、みずからを絶対的な肯定体だと主張する否定の否定にたいし、自分の足で立ち、積極的に自分を根拠づける肯定体を対置したこと。

フォイエルバッハはヘーゲルの弁証法をこう説明する。（それによって肯定的なもの——感覚的に確実なもの——からの出発を根拠づけるのだが）

ヘーゲルは疎外から（論理的にいえば、無限なもの、抽象的・一般的なものから）、実体から、絶対的な固定された抽象から、出発する。俗っぽくいえば、かれは宗教と神学から出発する。

第二に、ヘーゲルは無限なものを破棄し、現実的なもの、感覚的なもの、実在するもの、有限なもの、特殊なものを設定する。（宗教と神学を克服する哲学）

第三に、ヘーゲルは肯定的なものを再び破棄し、抽象を、無限なるものを再び打ち立てる。宗教と神学が再構築される。

フォイエルバッハは否定の否定を哲学の自己矛盾にすぎないと考える。哲学が神学（超越など）を否定したあとで、自分と対立しつつ神学を肯定することだと考える。

否定の否定にふくまれる肯定ないし自己是認・自己確認は、まだみずからを確信するものではなく、対立につきまとわれ、自身を疑い、証明を必要とするような肯定であり、自分の存在によって自分を証明するのでもなければ、存在を承認された肯定でもなく、したがって、自分自身を根拠とする感覚的に確実な肯定とはまっこうから対立する。

フォイエルバッハはまた、具体的概念としての否定の否定を、思考のうちで自分を超えていく思考、思考でありながら直接に直観や自然や現実であろうとする思考、ともとらえる。

では、ヘーゲル自身はどうか。否定の否定にふくまれる肯定面からすれば、否定の否定は、真なる唯一の肯定体であり、そこにふくまれる否定面からすれば、すべての存在をつらぬく唯一の真なる自己確証の活動である。否定の否定をそのようにとらえるヘーゲルは、歴史の運動にたいして抽象的・論理的・純粋理論的な表現しか見出さなかった。主体としてある人間の現実の歴史を表現するのではなく、人間を創造する活動ないし人間の成立史の表現にとどまっていた。――わたしたちはこの抽象形式を明らかにするとともに、ヘーゲルにおける否定の運動が近年の批判哲学とどう対立し、フォイエルバッハの『キリスト教の本質』に見られる同じ過程とどうちがうかを明らかにしよう。それによって、ヘーゲルにおいてはいまだ無批判にとどまる運動の、批判的な形態が明らかになるはずだ。

ヘーゲルの体系に目を向けよう。ヘーゲル哲学の真の誕生の地であり、秘密の場所でもある『精神現象学』から始めなければならない。

精神現象学

(A) 自己意識

I. 意識

(α) 感覚的確信――「目の前のこれ」と「思いこみ」

(β) 知覚――さまざまな性質をもつ物と錯覚

(γ) 力と科学的思考――現象界と超感覚的世界

Ⅱ．自己意識――自己確信の真理

(a) 自己意識の自立性と非自立性――支配と隷属

(b) 自己意識の自由――ストア主義、懐疑主義、不幸な意識

Ⅲ．理性――理性の確信と真理

(a) 自然の観察と自己意識の観察

(b) 理性的な自己意識の自己実現――快楽と必然性。心の掟とうぬぼれの狂気。徳性と世のならい

(c) 絶対的な現実性を獲得した個人――精神の動物王国とだまし、あるいは価値あるもの。理性による掟の制定。理性による掟の吟味

(B) 精神

Ⅰ．真の精神――共同体精神

Ⅱ．疎外された精神――教養

Ⅲ．自己を確信する精神――道徳

(C) 宗教――自然宗教、芸術宗教、啓示宗教

(D) 絶対知

ヘーゲルの『エンチクロペディ』が論理学に始まり、純粋な理論的思考ないし絶対知——自己意識をもち、自分自身を把握した哲学的・絶対的・超人間的な抽象精神——でもって終わるとすれば、『エンチクロペディ』の全体は哲学的精神の本質を展開し、対象化したものにほかならない。ここに哲学的精神とは、自己疎外に陥った状態のままで思考し、抽象的に自己をとらえる疎外された世界精神にほかならない。論理学とは、精神の貨幣であり、つまりは、人間と自然の哲学的価値ないし思想的価値を示すものだが、その本質は、すべての現実的な内容にまったく無関心になった非現実的な本質であり、そこに働く思考は、自然と現実の人間を捨象した外化された抽象思考である。この抽象思考の外面をなす自然は、この抽象思考にとって存在する自然でしかない。自然とは思考の外にあるもの、思考が自己を喪失した姿だ。そして、思考のとらえる自然はこれまた外からとらえられた自然であり、抽象的に思考された自然、外化された抽象的思考としての自然なのだ。最後に、自分の本来の誕生の地に還って思考を重ねる精神は、人間学的・現象学的・心理学的・共同体的・芸術的・宗教的精神として登場するが、最終的に、みずからを絶対知として、絶対的な抽象精神として見出し、肯定し、おのれにふさわしい自覚的な存在となるのでないかぎり、それらを自分本来の姿だと認めることができない。精神の現実的な存在なるものが抽象だからだ。

ヘーゲルには二つの欠点がある。

一つ目は、ヘーゲル哲学の誕生の地『精神現象学』に明瞭この上ない姿をあらわしている。たとえば、ヘーゲルが富や国家権力などを人間の本質から疎外された存在としてとらえるとき、疎外は思考形式の問題でしかない。……富や国家権力は思考上の存在であって、純粋な抽象的・哲学的思考が疎外されているにすぎない。だから、運動の全体は絶対知とともに終結する。これらの対象がそこから疎外され、自分こそ現実だと思い上がって対決するその当のもの、それが抽象的思考なのだ。疎外された世界の疎外を測るものさしが、哲学者そのもの——つまり、疎外された人間という抽象体——なのだ。となると、外化の歴史と外化の取りもどしの全過程が、抽象的で絶対的な論理的で哲学的な思考の生産の歴史にほかならなくなってしまう。だから、この外化と外化の克服をめぐって、まさに興味の核心をなすべき疎外の形が、即自と対自の対立、意識と自己意識の対立、客観と主観の対立、いいかえれば、思考の内部での抽象的思考と感覚的現実ないし現実的感覚の対立となっている。他のすべての対立や対立の運動は、この唯一興味のある対立の写像、外皮、外向きの形態にすぎず、その唯一の対立が他の俗っぽい対立の意味を形成するという。人間の本質が自分自身と対立する形で非人間的に対象化されること、それが疎外の本質だとはされず、人間の本質が抽象的思考と区別され、抽象的思考と対立する形で対象化されること、それが疎外の本質として提示され、その克服が求められているのだ。

したがって、対象となり、疎外された対象となった人間の本質の獲得は、第一に、意識のうちで、思考のうちで、抽象のうちで進行する獲得にすぎず、思考としての、思考運動としての対象の獲得にすぎない。そのため、すでに『精神現象学』のうちに――その徹底した否定的かつ批判的な外見にもかかわらず、また、現実にそこにふくまれる、のちの展開にはるかに先んずる批判にもかかわらず――のちのヘーゲルの作品に見られる、無批判の肯定主義と、同じく無批判の観念論が――いいかえれば、現存の帝国の哲学的解体と再建が――萌芽として、可能性として、秘密として、潜在している。第二に、人間にとっての対象世界の取りもどし――それは、たとえば、感覚的意識は抽象的な感覚意識ではなく、人間的な感覚意識であるという認識、あるいは、宗教や富その他が人間の対象化の、作品へと向かう人間本来の能力の、疎外された現実形態であり、それゆえ、真の人間的現実へと向かう通路にすぎないという認識としてあらわれるのだが――、この取りもどしやその過程の洞察が、ヘーゲルにあっては、感覚や宗教や国家権力が結局は精神的存在だ、というところに落ち着く。というのも、ヘーゲルの考えでは、精神だけが人間の真の本質であり、精神の真の形態とは、思考する精神であり、論理的・哲学的な精神だからだ。自然の人間性や、歴史によって生み出された自然――人間の生産――の人間性は、それらが抽象的精神の産物であり、したがって、精神につらぬかれた思考的存在である、という点にあらわれる。だから、『精神現象学』は覆いをかけられた、曖昧さの残る、神秘めかした批判なのだ。が、その一方、そこに人間の疎外がしっかり打ち立てられているかぎりで、人間がいまだ精神の形態でしかあらわれていないとはいえ、そこには批判のすべての要素が隠されてあり、それが少なからぬ場面で、ヘーゲルの立場をはるかに超えた大胆さで準備され、磨きあげられている。「不幸な意識」や「誠実な意識」や「高貴な意識と下賤な意識」のたたかい等々は、いまだ疎外された形式のもとにあるとはいえ、それぞれの章節が宗教、国家、市民社会などの全領域にわたる批判的要素をふくんでいる。こうして、本質や対象が思考された存在であるのに見合って、主体はつねに意識であり、自己意識である。いいかえれば、対象は抽象的な意識としてしか、人間は自己意識としてしかあらわれず、登場するさまざまな疎外の形態は意識と自己意識のさまざまな形態でしかない。対象が抽象的意識としてとらえられるというときの、その抽象的意識がもともと自己意識の一部をなす要素にすぎないのだから、運動の結果としても、自己意識と意識の合体した絶対知が登場してくる。つまり、結果として見た運動は、もはや外へと向かうのではなく、自分のうちへと向かう抽象的思考の運動である。純粋思考の弁証法こそが結果なのだ。

ヘーゲルの『精神現象学』とその最終結果と、さらには、ものを動かし生み出す否定的原理としての弁証法に見てとれる偉大な点は、ヘーゲルが人間の自己生産を一つの過程としてとらえたこと、対象化の働きを対象から離反する外化の過程として、さらには、この外化の克服としてとらえたことにある。つまり、かれは労働の本質をとらえたのであり、対象的な人間を——現実的であるがゆえに真なる人間を——当人自身の労働の結果として概念的にとらえたのだ。人間が類的存在としての自分に現実に、実践的にかかわり、自分が現実に類的存在であること、人間らしい存在であることを実証するといったことが可能となるのは、人間がかれの類的な力を――それ自体が人間総体の働きによって、つまり、歴史の結果として初めて可能となるような力を――現実に生み出し、それに対象として向き合うことによる以外にはない。そうした対象の生産は、さしあたり、疎外の形式においてしか行なわれえないのではあるが。

ヘーゲルの一面性と限界については、『精神現象学』の最終章「絶対知」を扱うところでくわしく見ていくつもりだ。『精神現象学』の精神が要約された章で、精神現象学と哲学的弁証法の関係が示されるとともに、その両者と、両者の相互関係とにたいするヘーゲルの意識が示されている。

が、その前に、ヘーゲルが近年の国民経済学者たちと同じ立場に立っていることにだけは触れておきたい。ヘーゲルは労働を人間の本質とし、人間がみずからの存在を実証する本質としてとらえるが、労働の肯定面を見るだけで、否定面は見ない。労働とは、人間が外化という条件下で外化された人間として自分に向き合うことだが、ヘーゲルの認識し承認する労働は、もっぱら抽象的な精神的労働なのだ。だから、一般に哲学の本質をなすところの、自己を知る人間の外化、もしくは、思考の場で外化された学問なるものを、ヘーゲルは哲学の本質としてとらえ、もって、かれ以前の哲学と対決しつつ、哲学の個々の要素を統合し、自分の哲学を哲学一般として表現することができている。ほかの哲学者のおこなったこと――人間や人間生活の個々の要素を自己意識の、それも抽象的自己意識の要素としてとらえること――を、ヘーゲルは哲学の行為としてしっかり認識している。だからこそ、かれの学問は絶対的なのだ。

さて、さきに挙げた『精神現象学』の最終章「絶対知」に目を向けよう。

肝心なのは、意識の対象が自己意識にほかならないこと、対象が対象化された自己意識にすぎず、対象としての自己意識にすぎないことだ。（人間を目の前に立てること＝自己意識）

とすれば、意識の対象は克服されねばならない。対象としてあることが疎外されてあることであり、人間の本質たる自己意識にふさわしくない関係が生じていることだ。したがって、疎外という条件の下に疎遠なものとして作り出された人間の対象的存在を、再びわがものとすることは、疎外を破棄するという意味をもつだけでなく、対象性を破棄するという意味をももっている。人間は本来、対象的ではない、精神主義的な存在なのだ。

意識の対象の克服の運動を、ヘーゲルは以下のように叙述する。

対象は自己へと還っていくものとして示されるだけではない（それだけでは克服の運動の一面的な――一面だけをつかまえる――とらえかただというのだ）。人間が自己に等しいものとして設定されるのだ。しかし、自己とは抽象的にとらえられ、抽象によって作り出された人間にすぎない。人間は自己としてある存在であり、人間の目や耳などは自己に根ざし、人間本来の能力の一つ一つは自己という特質をもっている。が、だからといって、自己意識が目や耳や本来の能力をもつとはいえない。それはまったくのまちがいだ。自己意識は、むしろ、人間という自然体の――人間の目などの――一性質であって、人間という自然体が自己意識の一性質なのではない。

それだけ独立に抽出され固定された自己は、抽象的なエゴイストとしての人間であり、純粋な抽象領域において思考へと高められたエゴイズムである（これについては後述）。

人間の本質とは、ヘーゲルにとっては、自己意識に等しい。したがって、人間の本質の疎外は、すべて、自己意識の疎外にほかならない。自己意識の疎外は、人間の本質の現実的疎外の表現――知と思考のうちに映し出された表現――とは考えられない。現実の、実際に目に見える疎外のほうが、むしろ、内奥に隠された――哲学によって初めて明るみに出される——本質からして、人間の現実の本質たる自己意識の疎外のあらわれにほかならない。だから、そのあらわれを概念化する学問は精神現象学と名づけられる。疎外された対象的存在の取りもどしは、すべて、自己意識への編入という形を取る。自分の本質を取りおさえた人間とは、対象的存在を取りおさえた自己意識にすぎない。だから、対象が自己へと還っていくことは、対象を取りもどすことだ。

全面にわたって表現すれば、意識の対象の克服は次のようになる。

㈠ 対象そのものは消えゆくものとして意識にあらわれる。
㈡ 自己意識の外化とは、物の世界を設定する行為である。
㈢ この外化は否定的な意味だけでなく、肯定的な意味をももつ。
㈣ そのことは高踏な哲学的真理というだけでなく、意識にも自覚されている。
㈤ 対象が否定さるべきものであること、あるいは、対象がみずからを破棄していく行為は、自己意識にとって肯定的な意味をもつし、自己意識は対象のこの否定的性格を自己外化という行為を通して認知している。なぜなら、自己外化において自己意識は自己を対象として打ち立て、対象を——その存在が意識の自覚と不可分に統一されているがゆえに——自己として打ち立てるのだから。

(六) 他方、同時に、自己意識はこの外化と対象性を破棄して、それを自分のうちへと取りもどしてもいる。この面からすると、自己意識は他なる存在のうちにあっても自己を失ってはいない。

(七) これが意識の運動であり、そこに意識の要素の全体が示されている。

(八) 意識はその具体的内容の全体を踏まえて対象と関係し、その内容の一つ一つに即して対象を把握しなければならない。この具体的内容の全体がそもそも対象を精神的存在たらしめるので、そのことが意識に本当に自覚されるには、具体的内容の一つ一つを自己として把握し、その内容とまさしく精神的にかかわらねばならない。

(一)への補足。対象そのものが消えゆくものとして意識にあらわれるというのは、右に述べた、対象が自己へと還っていくというのと同じことだ。

(二)への補足。自己意識の外化によって物の世界が設定される。人間＝自己意識なのだから、人間の外化された対象的存在たる物の世界は、外化された自己意識に等しく、この外化によって物の世界は設定される（人間にとって対象であるもの、人間にとってのみ真に対象であるもの、それが本質的対象である。対象とは人間が対象的になったものなのだ。現実の人間が、したがってまた自然が――人間は人間的な自然だ――そのまま主体とされるのではなく、人間の抽象的なありかたである自己意識だけが主体とされるのだから、物の世界は外化された自己意識でしかありえないのだ)。対象的・物質的な本来の能力を備えた、生きた、自然な存在が、その本質にふさわしい現実的で自然な対象をもつこと、および、その自己外化が、現実的ではあるが外面性の形態を取った、したがって、その本質にはふさわしくない強力な対象世界を設定することになること、それはいかにも自然なことだ。そこには、つかまえにくいところも謎めいたところもまったくない。そう考えないほうが、むしろ謎めいている。他方、自己意識がその外化によって物の世界だけを、つまり、けっして現実の物ではない抽象的な物だけを設定するというのも、これまた明白なことだ。さらには、物の世界が自己意識にたいして自立した本質的な世界ではなく、自己意識によって設定された、たんなる被造物であることも明白だ。設定されたものは、自分の存在を証明するのではなく、設定の行為を証明するだけだ。しかも、設定の行為とは、一瞬おのれのエネルギーを生産物として定着させつつ、見かけ上その生産物に——それもほんの一瞬——自立した現実の存在という役割を賦与するものである。

しっかりと地ならしされた大地に立ち、すべての自然力を吐いたり吸ったりする、現実の、生身の人間は、おのれの外化によって現実的かつ対象的な本来の能力を疎遠な対象として設定するのだが、その設定の働きを主体というわけにはいかない。そこにあるのは対象に向かう本来の能力の主体性であって、とすれば、その作用も対象的でなければならない。対象的な本質は対象的に働くのだが、その本質的内容のうちに対象的なものがふくまれていなければ、対象的に働くはずはない。人間の本質が対象を作り出し、設定するのは、人間の本質が対象によって設定されているからこそであり、人間の本質がもともと自然の存在だからだ。とすれば、設定の行為において、人間は「純粋な活動性」にもとづいて対象の産出へと向かうのではなく、人間が対象として生み出したものは人間の対象的な活動を——対象的で自然な存在としての人間の活動を——証明しているにすぎない。

ここに見てとれるのは、考えぬかれた自然主義ないし人間主義が、観念論とも唯物論とも異なるものであること、同時に、その両者を統一する真理だということだ。とともに、世界史の行為を把握できるのは自然主義だけだ、ということも見てとれる。

人間はそのまま自然の存在である。自然存在——生きた自然存在——として、人間は、自然の力ないし生命力を備えた、活動する存在であって、この自然力ないし生命力は、人間のうちに素質や能力として、また、衝動として実在する。その一方、自然な、肉体をもった、感覚的な、対象的な存在である人間は、動物や植物と同様、外からの力を受ける、制約された、限定された存在である。いいかえれば、人間の衝動の対象は、人間の外に、人間から独立した対象として実在する。しかし、この対象は、人間の欲求の対象であり、人間の本質力が活動し証明されるのに不可欠の、本質的な対象である。人間が肉体をもち、自然力をもち、生きた、現実の、感覚的な、対象的な存在であるということは、人間が現実の感覚的な対象を自分の本質と生命発現の対象とするということであり、現実的・感覚的な対象のもとでしか生命を発現できないということだ。対象的な、自然的な、感覚的な存在であることと、対象、自然、感覚を自分の外にもつこと——あるいは、みずからが第三者にたいして対象、自然、感覚であること——とは同一のことなのだ。空腹は自然の欲求であり、だから、空腹を満たし、落ち着くには、自分の外にある自然、外にある対象が必要だ。空腹は、わたしの肉体の欲求が凝固したもので、その欲求は肉体の維持と本質発現のために不可欠の、外なる対象へと向かう。同様に、太陽は植物の対象であり、植物に不可欠の、その生命を保証する対象である。逆に、植物は太陽の対象だが、そういえるのは、植物が太陽の生命喚起の力の——対象的な本来の能力の——発現だからだ。

自分の外に自分の自然をもたない存在は、自然の存在ではなく、自然の本質とかかわりをもたない。自分の外に対象をもたない存在は対象的な存在ではない。自分が第三者にたいして対象とならないような存在は、自分の存在を対象とすることがなく、対象としての自分とかかわることがなく、その存在は対象的な存在ではない。対象とならない存在は存在とはいえない。

自身が対象となることがなく、またなに一つ対象をもたないような、そんな存在を考えてみる。そんな存在は、第一に、唯一の存在で、その外にいかなる存在も実在せず、ただ一つ、孤独に実在することになろう。わたしの外に対象が存在し、わたしだけが存在するのではないとなれば、わたしは他なる存在となり、わたしの外の対象とは異なる現実となる。この第三の対象にとって、わたしはそれとは別の現実体であり、それの対象である。だから、他の存在の対象とならない存在とは、いかなる対象的な存在の実在も許さない存在ということになる。わたしが対象をもったとたんに、この対象はわたしを対象とする。ひきかえ、非対象的な存在とは、非現実的な、非感覚的な、頭で考えられただけの、想像されただけの存在であり、抽象の存在である。感覚的であること、現実的であることは、感覚の対象であること、感覚的対象であることであって、つまりは、自分の外に感覚的対象をもつこと、自分の感覚の対象をもつことである。感覚的であることは外からの力を受けることだ。

したがって、対象的・感覚的存在としての人間は、外からの力を受ける存在であり、力の受けかたは感情をともなうから、感情的存在である。感情ないし情熱は、対象を精力的に追い求める人間本来の能力である。

しかし、人間は自然的存在であるだけでなく、人間性のある自然的存在だ。自分と向き合う類的存在であって、存在においても知においても、自分が類的存在であることを実証しなければならない。だから、人間の対象は目の前に示されるがままの自然的対象ではないし、また、直接に対象としてある人間の五感は、人間にふさわしい感覚ではないし、人間にふさわしい対象ではない。自然は、客観的にも主観的にも、あるがままの姿では人間の本質にかなうものではない。

自然にあるものすべては成立してこなければならないので、人間もまた成立の行為を——歴史を——もっている。が、この歴史は人間が自覚し、知の対象とする歴史であり、意識的に克服していくような成立の行為である。歴史こそが人間の真なる自然史なのだ（これについては後述）。

第三に、物の世界の設定は見かけ上の設定にすぎず、純粋活動という本質に矛盾する行為なのだから、その行為自体が再び破棄され、物の世界が否定されねばならない。㈢、㈣、㈤、㈥への補足。㈢この外化は否定的な意味をもつだけでなく、肯定的な意味をももつ。㈣そのことは高踏な哲学的真理というだけでなく、意識にも自覚されている。㈤対象が否定さるべきものであること、あるいは、対象がみずからを破棄していく行為は、自己意識にとって肯定的な意味をもつし、自己意識は対象のこの否定的性格を自己外化という行為を通して認知している。なぜなら、自己外化において自己意識は自己を対象として認知し、対象を――その存在が意識の自覚と不可分に統一されているがゆえに、――自己として認知するのだから。㈥他方、同時に、自己意識はこの外化と対象性を破棄して、それを自分のうらへと取りもどしてもいる。この面からすると、自己意識は他なる存在のもとにあっても自己を失ってはいない。

すでに見たように、疎外された対象的本質を取りもどすこと、いいかえれば、疎外――どうでもよい疎遠さから現実の敵対的な疎外にまで進まざるをえないような疎外――のもとにある対象性を破棄すること、そのことは、同時に、いや、とりわけて、対象性そのものを破棄することを意味する。というのも、対象の特定の性格ではなく、対象が対象としてあるという性格こそが、自己意識の受けいれがたい疎外だからだ。つまり、対象とは否定的なものであり、自分自身を破棄するものであり、一つの無である。対象のこの無は意識にとって否定的な意味をもつだけでなく、肯定的な意味をもつ。なぜなら、対象の無とは、まさしく、非対象性の、抽象的思考の、意識自身の、自己確認だからだ。だから、意識自身にとって対象の無は、意識が対象の本質たるこの無をおのれの自己外化として知る、という肯定的な意味をもっている。意識はおのれの自己外化によって対象が無となることを知っているのだ。……

意識のありかたと、なにかが意識にたいしてあるありかたが知である。知は意識の唯一の行為である。だから、なにかが意識にたいしてあるには、意識がこのなにかを知らねばならない。知は意識の唯一の対象とのかかわりかたである。いまや意識は対象の無を——すなわち、対象が意識から区別されないこと、対象が意識にたいして存在しないことを——知るのだが、それを知るのは、対象をおのれの自己外化として知ること、つまり、自己を——対象としての知を——知ることによってである。その知がなりたつのは、対象が見せかけの対象にすぎず、目くらましの煙幕にすぎず、その本質からして知以外のなにものでもないことによる。知とは自分に自分を対立させ、一つの無を、一つのなにかを、自分に対立させるもので、この無、または、なにかは、知の外に対象性をもつものではないのだ。いいかえれば、知は一つの対象とかかわるとき、自分の外にあり、自分を外化しているにすぎないのであって、みずからが対象としてあらわれるにすぎず、対象としてあらわれるものは知自身にすぎない。そのことを知は知っているのである。

他方、そこには同時にもう一つの要素がふくまれる、とヘーゲルは言う。つまり、意識がこの外化と対象性を破棄し、自分のうちへと還っているという要素、したがって、他なる存在のもとにあっても自己を失ってはいないという要素が、そこにふくまれる、と。

このような説明のうちに観念的思考の幻想がすべて露出している。

第一に、意識ないし自己意識は、他なる存在のもとでも自己を失っていない、というのが幻想だ。ここでは、ヘーゲルの抽象をもういちど抽象して具体へと向かい、自己意識の代わりに人間の自己意識を置きたいのだが、さて、人間の自己意識が他なる存在のもとで自己を失ってはいないとはどういうことか。

そこにふくまれるのは、第一に、意識が――知そのもの、思考そのものが――自分は自分とは別のもの、つまり、感覚、現実、生命だと、あるいは思考を超えた思考だとあからさまに申し立てていることだ。こうした面がそこにふくまれるのは、意識が意識にとどまりつつ、疎外された対象性にではなく、対象性そのものに違和感をもつからだ。

そこにふくまれる第二の事柄は、自己を意識する人間が、精神的世界、ないしは自分の世界の精神的・一般的存在を自己外化として認識し克服しつつも、この世界を再びその外化された形態において確認し、それこそが真の存在だと主張し、それを再建し、もって、他なる存在のもとにあっても自己を失わないと申し立てていることだ。だから、自己を意識した人間は、たとえば宗教を克服したあとで――宗教を自己外化の産物として認識したあとで――、にもかかわらず、宗教のうちで自分が確認されていると考えるのだ。ここに、ヘーゲルの偽りの肯定主義と見かけ倒しの批判主義の根がある。フォイエルバッハはそれを宗教ないし神学の定立、否定、再建と名づけたが、その欠陥はもっと一般的にとらえねばならない。つまり、理性は非理性そのものに陥りながら、自己を失っていないというわけだ。法や政治などにおいて外化された生活をおこなっている人間が、そのことを認識したとなると、この外化された生活のただなかで真の人間的な生活を営んでいるとされる。つまり、自己矛盾に陥り、知とも対象の本質とも矛盾する自己肯定ないし自己確認が、真の知であり生活だというのだ。だとすれば、宗教、国家などにたいするヘーゲルの順応は、かれの原理からくるまやかしなのだから、これ以上、問題とする必要はないだろう。

わたしが、宗教を人間的な自己意識の外化された姿だと認識するとき、わたしは宗教のうちでわたしの自己意識が確証されるのではなく、わたしの自己意識の外化が確証されることを認識している。つまり、わたしの本質に属する、わたし自身の自己意識は、宗教のうちで確証されるのではなく、むしろ、宗教の否定と破棄によって確証されることをわたしは認識している。

したがって、ヘーゲルにおける否定の否定は、見せかけの存在を否定することによって真の存在を確証するというものではなく、見せかけの存在を否定しつつ、同じ存在や疎外された存在を確証するか、それとも人間の外に位置する、人間から独立した対象的存在としての見せかけを否定し、それを主体へと転化するかのいずれかである。

だから、そこでは「揚棄」という語が――否定と保存（肯定）とが結びついた「揚棄」という語が――独自の働きかたをする。

たとえば、ヘーゲルの法哲学を例に取れば、揚棄された私法＝道徳、揚棄された道徳＝家族、揚棄された家族＝市民社会、揚棄された市民社会＝国家、揚棄された国家＝世界史、となっている。現実においては私法、道徳、家族、市民社会、国家、等々は存続しているわけで、ただ、それらが運動の要素に――孤立して存在するのではなく、たがいに解体し合ったり産出し合ったりする、人間の生存や存在様式の要素に――なっているというだけのことだ。

それらは、現実の世界にあるときは、運動するものとしてあるというその本質が隠されている。その本質が前面に出てきて明白な姿を取るには、思考を、哲学を、俟《ま》たねばならない。となると、わたしの真の宗教的存在は、わたしの宗教哲学的存在であり、わたしの真の政治的存在はわたしの法哲学的存在であり、わたしの真の自然的存在はわたしの自然哲学的存在であり、わたしの真の芸術的存在はわたしの芸術哲学的存在であり、わたしの真の人間的存在はわたしの哲学的存在だ、ということになる。同様に、宗教、国家、自然、芸術の真の存在は、「宗教・国家・自然・芸術」哲学だということになる。だが、わたしにとって宗教哲学、等々だけが宗教の真の存在だとなれば、わたしも宗教哲学者でなければ真に宗教的ではないことになり、現実の宗教世界や現実の宗教的人間を否定することになる。しかし、同時に、わたしがそうした現実に対置する、わたし自身の疎外された存在の内部で、わたしは現実の宗教世界や宗教的人間の存在を確証する。わたし自身の存在は現実の哲学的表現にほかならないのだから。また、現実の宗教世界や宗教的人間を、それら独自の根源的な形態において確証することにもなる。現に目の前にあるのは、本来の真なる存在が――すなわち、わたしの哲学的存在が――感覚的な殻をまとって、見かけの上での他なる存在として、比喩的な存在として、あらわれたものとされるのだから。

別の例でいうと、揚棄された質＝量、揚棄された量＝限度量、揚棄された限度量＝本質、揚棄された本質＝現象、揚棄された現象＝現実、揚棄された現実＝概念、揚棄された概念＝客観性、揚棄された客観性＝絶対理念、揚棄された絶対理念＝自然、揚棄された自然＝主観的精神、揚棄された主観的精神＝共同の客観的精神、揚棄された共同の精神＝芸術、揚棄された芸術＝宗教、揚棄された宗教＝絶対知。

一方で、こうした揚棄は思考された存在を揚棄するものだから、思考された私有財産は揚棄されて道徳の思考となる。そして、思考は自分がそのまま他なる存在——感覚的現実——であると想像し、自分の行為も感覚的・現実的な行為と思っているから、対象を現実世界にそのまま放置する思考の揚棄活動は、対象を現実に克服したと信じこみ、他方では、対象がいまや思考の要素となっているがゆえに、現実世界の対象が思考の、自己意識の、抽象活動の、自己確証でもあると考えるのだ。

だから、一面からすると、ヘーゲルが哲学に向かって揚棄した存在は、現実の宗教や国家や自然ではなく、すでにして知の対象となった宗教——教義体系——や法学や国家学や自然科学だ。他面からすると、それは現実の存在のみならず、直接の、非哲学的な学問や現実の非哲学的概念とも対立する。それは一般に通用する概念とは相容れないのだ。

他方、宗教的人間、芸術的人間、等々は、ヘーゲルにおいて最終的な存在の確証を得ることができる。

さて、疎外という規定の枠内においてではあれ、ヘーゲルの弁証法の積極面をとらえねばならない。

(a) その一つが、外化を自分のうちへと取りもどす対象的運動としての「揚棄」の活動である。そこには、疎外の内部のことではあれ、疎外の破棄によって対象的存在をわがものとする運動についての、明確な洞察が示され、とともに、人間の現実的な対象化の過程への洞察と、対象世界の疎外されたありかたの否定と破棄によって、疎外状態にある対象的存在を現実にわがものとする過程への、疎外された洞察とが示されている。その過程は、神を破棄する無神論が、理論的人間主義の生成であり、私有財産を破棄する共産主義が、現実の人間生活を取りもどす返還要求であり、実践的人間主義の生成であるのと似ている。改めていえば、無神論とは、宗教の破棄に媒介された人間主義であり、共産主義とは、私有財産の破棄に媒介された人間主義だ。この媒介を必然的な前提としつつ、媒介をさらに破棄することによって初めて、積極的に自己を出発点とする肯定的な人間主義が生まれてくる。

しかし、無神論や共産主義は逃走でも抽象でもないし、人間の作り出した対象世界や、対象性をもつまでに成長した本来の能力の喪失でもなく、さらに、不自然で未発達な単純さに舞いもどった貧困状態などではけっしてない。そうではなく、そこに初めて人間の現実的な本質が現実に生成し、人間にとって現実となるような、そういう運動なのだ。

ヘーゲルは、おのれへと向かう否定の作用の——これまた疎外された形においてではあれ——積極的意味をとらえたがゆえに、人間の自己疎外、本質外化、対象剝奪、非現実化を、自己獲得、本質発現、対象化、現実化ととらえている。要するに、かれは——抽象思考の内部において——労働を人間の自己産出行為として、また疎遠な存在たる自己との関係と、疎遠な存在としての自己の活動を、類的意識と類的生活の生成過程ととらえている。

(b) ヘーゲルにあっては——すでに述べた倒錯とは別に、あるいは、むしろその結果として——右の行為が、第一に、形式的な行為としてしかあらわれない。というのも、人間存在自体が抽象的な思考存在として、自己意識としてしか考えられないため、行為も抽象的にしかとらえられないからだ。

第二に、とらえかたが形式的・抽象的であるために、外化の破棄が外化の確証になってしまう。いいかえれば、ヘーゲルにとって、自己外化ないし自己疎外としての自己産出ないし自己対象化の運動が、自己を目的とし、自己のうちに安らいだ、自己の核心にとどいた、絶対的かつ最終的な人間の生命発現となっているのだ。弁証法の形をとるこの抽象的・形式的な運動が、真の人間的な生命活動だとされ、しかも、そこには人間の生命を抽象化し疎外する力が働いているから、その活動は神聖な過程——人間のおこなう神聖な過程——だとされる。人間から区別される、抽象的で純粋で絶対的な人間的本質の遂行する過程と見なされるのだ。

第三に、この過程の担い手としてなんらかの主体が存在しなければならない。が、この主体は結果として初めてあらわれる。そして、結果としてあらわれる、自己を絶対的自己意識として知る主体は、神であり、絶対精神であり、自己を知って動く理念である。現実の人間と現実の自然は、この隠れた非現実的な人間と非現実的な自然のたんなる述語とされ、記号とされてしまう。主語と述語がまったく入れかわって、神秘的な主体・客体とか、客体を抑えこんだ主体性とか、過程としての絶対的主体とかが主語の位置に来る。この主体は自分を外化し、また、外化から自分へと還ってくるが、同時に、外化を内部に取りもどす主体でもあって、この過程がすなわち主体である。内部に純粋な、休みない円環が生じているのだ。

第一に挙げた、人間の自己産出ないし自己対象化の行為が形式的・抽象的にしかとらえられない点に話をもどそう。

疎外された対象、ないし、人間の本質の疎外された現実は、——ヘーゲルの場合、人間＝自己意識、だから——意識以外のなにものでもなく、思考された疎外にすぎず、疎外の抽象的で無内容で非現実的な表現——否定という表現——にすぎない。だから、外化の破棄も、かの内容なき抽象思考の、抽象的で無内容な破棄——否定の否定——以外のなにものでもない。内容ゆたかな、生き生きとした、感覚的で、具体的な自己対象化の活動は、たんなる抽象思考に——絶対の否定力に——行きつくのだが、この抽象思考が、改めてそれとして定着され、自立した活動——活動そのもの——と考えられる。このいわゆる否定力は、かの現実的な、生き生きとした行為の、抽象的で無内容な形式以外のなにものでもないから、その内容もまた、あらゆる内容を捨象して作り出された形式的な内容であるほかはない。とすると、そこに出てくるのは、あらゆる内容に共通する、したがって、すべての内容とは無関係の、また、どんな内容にも適用できる、一般的・抽象的な公式であり、思考形式である。それこそが、現実の精神からも現実の自然からも切り離された論理学のカテゴリーである（絶対的否定力の論理的内容については後述する）。

ヘーゲルがかれの哲学的論理学で果たした積極的なことはなにかといえば、自然と精神から独立した、特定の概念や一般的で固定的な思考形式が、人間の本質の、したがってまた人間の思考の、一般的な疎外の必然的な結果であることを示し、それを抽象化の過程の要素として表現し整理したことにある。たとえば、揚棄された存在は本質であり、揚棄された本質は概念であり、揚棄された概念は……絶対理念である、といったように。だが、絶対理念とはなにか。絶対理念は、もう一度初めから抽象化の行為の全体を遂行し、抽象的項目の全体を内にふくむ包括的な抽象化の運動であることに満足する気がなければ、再びみずからを揚棄することになる。が、みずからを抽象化の運動としてとらえる抽象化の運動は、自分が無であることを知っている。その運動はおのれを――抽象化の運動を――捨て去らねばならず、こうしてまさしくその対極にある存在のもとに――自然のもとに――やってくる。つまり、論理学の全体は、抽象的思考がそれだけでは無であり、絶対理念がそれだけでは無であって、自然が初めてなにものかであることを証明するものなのだ。

絶対理念ないし抽象的理念は「自己と統一されていると見なされるとき、直観であり」「自分自身の絶対的真理において、その特殊性の要素を、つまり、存在の規定や他なる存在の規定を、いいかえれば、直接そこにある理念を、理念の映像として――自然として――自己から自由に解き放とうと決意する。」『エンチクロペディ』§244）

なんとも珍奇で奇怪なふるまいをするこの理念、ヘーゲル派の連中の大頭痛の種ともなったこの理念こそ、まさしく抽象思考の――抽象的な思考家の――ありさまを示すものにほかならない。経験を積んで利口になり、真理に目を開かされた抽象思考（家）は、虚偽の条件やいまだ抽象的な条件をもふくむ、さまざまな条件の下で、自己を放棄し、抽象思考に特有の、自分のもとにあること、非存在、一般性、無規定といった抽象概念の代わりに、自分とは別個の、特殊な限定されたものを目の前に置こうと決意する。いいかえれば、抽象的に思考されたものとして内部に隠しもっていた自然を、自己から自由に解き放とうとする。つまり、抽象思考を放棄して、抽象思考から自由になった自然を改めて観察しようと決意するのだ。直接に直観へと移りゆく抽象理念とは、自分を放棄して直観に向かおうと決意する抽象思考以外のなにものでもない。論理学から自然哲学への移行の全過程は、抽象化の作業から直観する作業への移行であって、抽象的な思考家にとっては、その移行がきわめて実現困難なため、記述が奇妙な形を取ることにもなる。哲学者は神秘の感情によって抽象思考から直観へと駆《か》り立てられるのだが、その感情とは倦怠感であり、内容へのあこがれである。

（自己疎外された人間のうちには、人間の本質から――自然的・人間的本質から——疎外された思考家もふくまれる。かれの考え出すものは、自然と人間の外部を住家とする形の定まった精霊たちだ。ヘーゲルはこれらの精霊すべてを自分の論理学のうちに閉じこめ、その一つ一つをまずは否定として——人間的思考の外化として——とらえ、次に、否定の否定として——この外化の破棄として、人間的思考の現実の表現として——とらえた。しかし、この否定の否定は、なお疎外にとらえられているがゆえに、疎外された形での精霊の再建であり、固定された精霊の本来のありかたである、外化のなかでの自己との関係という最終行為の外へと出ていくものではない。)（いいかえれば、ヘーゲルは形の定まった抽象体の代わりに、内部で円環運動をおこなう抽象化の作用を提示するのだ。それによってヘーゲルは、もともとの日付からすれば個々の哲学者に属する雑駁な概念すべてに、正当な誕生の地を指定し、それらを整理し、特定の抽象物の代わりに、概念の全領域に行きわたるような抽象化の運動を批判の対象として作り出す、という成果を挙げた。)（ヘーゲルがなぜ思考を主体から切り離したかについては、のちに見ることになるが、いまの時点ですでに明らかなのは、人間がいなければ、その本質発現も人間的ではありえず、したがって、思考も人間の——つまり、目や耳をもって社会と世界と自然のうちに生きる人間的・自然的な主体の——本質発現とはとらえられないということだ。この抽象化の運動が自分をとらえ、自分について果てしない倦怠を感じるとなれば、目も歯も耳もなにもかももたないまま、思考のうちだけを動く抽象的な思考の放棄は、ヘーゲルの場合、自然を本質だと認め、直観に身を移す決意となってあらわれる。)

しかし、自然もまた、人間から切り離してそれだけが抽象的にとらえられると、人間にとってはなにものでもない。直観に赴《おもむ》こうと決意した抽象的な思考家が、自然を抽象的にしか直観しないことは改めていうまでもない。自然が絶対理念ないし思考されたものとして、思考者当人にも隠された謎めいた形態のうちに閉じこめられている以上、思考者が自然を自分の外へと解き放つといっても、解き放たれるのは抽象的な自然——とはいえ、思考とは別ものであり、抽象思考からは区別される、現実的な、直観された自然という意味をあたえられた抽象的自然——にすぎないし、自然という思考物にすぎない。これを普通の人間のことばでいうなら、自然を直観する思考家が経験するのは、自分が神の弁証法に導かれて無から——純粋な抽象運動から——出発し、現実には一顧だにせず、もっぱら自分の内部を動きまわるという頭脳労働を通じて、純粋な思考の産物として作り出したと思っていたものが、実は、自然の内容を抽象化したものにほかならないということだ。だから、かれにとっては、自然の全体が感覚的・外面的な形式で論理的な抽象概念をくりかえしていることになる。かれはその自然全体を再び抽象概念へと分析する。だから、自然相手になされた直観が、その直観から得た抽象作用を確認する行為となり、意識的にくりかえされる抽象概念の創出過程となる。たとえば、時間＝自分と関係する否定力、という等式が作られる。生成が揚棄されて生じるのが「そこにあるもの」だとすると、それに対応する自然の形態は、運動が揚棄されて生じる物質である。光は、自分へと還っていく作用に対応する自然の形態である。月という物体と彗星という物体は、論理学では安定した肯定体と安定した否定体に分かれる「対立」に対応する自然の形態である。地球は、論理学では対立を否定的に統一した「根拠」に対応する自然の形態である、等々。

右にいう、自然のうちに隠された秘密の意味から感覚的に区別される、ありのままの自然——抽象概念から区別されてそれだけ切り離された自然——は、無であり、無を実証された無であり、意味のない存在だとされる。いいかえれば、外面性という、破棄されるべき意味しかもたない。

「有限な目的論の立場には、自然そのもののうちには絶対の目的がない、という正しい前提が見出される。」（§245）自然の目的は抽象概念の確証にあるというわけだ。「自然とは、理念が他なる存在という形を取ってあらわれたものだ。ここでは、理念が自分を否定するような、あるいは、自分の外部にあるようなありかたをしているから、自然はこの理念と関係するときだけ外面的だというのではない。理念が自然としてあるとき、外面性は自然のすみずみにまで行きわたっている。」（§247）

ここにいう外面性は、外へと発現してきて光に当たり、感覚的人間に明示されるものと解されてはならない。ここの外面性は、外化、あってはならない欠陥、障害の意味をもつと考えねばならない。真なるものとは、なおつねに理念なのだから。自然とは、自分が他なる存在となった形式にすぎないのだ。そして、抽象的な思考こそが本質なのだから、思考にとって外面的なものは、その本質からして外面的なものにすぎない。抽象的思考家は、同時に、感覚的であることが自然の本質であり、内部を動きまわる思考に対立する外面性が、自然の本質であることを承認する。が、同時に、かれはこの対立について、自然の外面性、および自然と思考の対立は、自然の欠陥であると言明する。抽象概念から区別された自然は、欠陥のある存在だと言明する。わたしにとって、わたしの目から見て、欠陥があるだけでなく、それ自体に欠陥のある存在であって、自分に欠けているものを自分の外にもっている。つまり、自分とは別のなにかを本質とする存在なのだ。とすれば、抽象的思考家にとって自然はおのれを破棄しなければならない。かれによって自然はすでに、潜在的に破棄される存在として設定されているのだ。

「精神は、わたしたちから見れば、自然を前提としている。が、自然の真理をなし、自然の絶対的な第一の存在となるのが精神である。その真理のうちに自然は消え失せ、精神は自分と向き合うに至った理念であることが示される。理念の客観でもあり主観でもあるのが概念である。この同一性は絶対的な否定力でもあるので、というのも、自然のうちで完全な外的客観性をもっていた概念が、この外化を破棄し、外化のなかで自己と一体化しているからだ。だから、概念は自然からの還帰としてのみこのような同一性である。」

「抽象的理念としては自然への直接の移行であり、自然の生成である啓示が、自由な精神の啓示としては、自然を精神の世界として打ち立てるという形を取る。その働きは自分へと還ってくる際には、世界を独立した自然として前もって打ち立てるという意味をもつ。概念における啓示とは、自然を概念の存在として創造することであって、その存在において概念はおのれの自由を肯定し証明する。」「絶対者とは精神である。これが絶対者についての最高の定義だ。」

四 欲求と窮乏

(七) 社会主義という前提のもとで人間的欲求のゆたかさがどのような意味をもち、したがってまた、新しい生産様式と新しい生産対象がどのような意味をもつかについてわたしたちは見てきた。社会主義のもと、人間本来の能力が新たに活動し、人間の本質が新たなゆたかさを獲得するのだ。だが、私有財産の支配下ではその意味が逆転している。すべての人間が、他人に新しい欲求が生まれはしないかと当てにしているのだが、それは他人に新しい犠牲を強要し、他人を新しい従属の状態へと追いこみ、他人を新しい享受と新しい破滅の形へと導くためだ。だれもが他人に外から本質的な支配力を及ぼし、もって、自分の利己的な欲求を満足させようとする。対象の量が増大するとともに、人間を外から拘束する力が大きくなり、新しいものが生産されるたびに、相互の欺瞞と相互の略奪の可能性が増えていく。生産の量が増加し、人間の欲求が増加し、お金の力が増すにつれて、人間そのものはそれだけ貧しくなり、敵対的な存在をわがものとするためのお金がそれだけ多く必要になり、自分のもつお金の力はそれだけ低下していく。とすれば、お金の欲求こそが、国民経済学の作り出した真の欲求であり、唯一の欲求である。お金の量こそがいよいよもってお金の力を示す唯一の特性となる。あらゆるものがお金という抽象的存在に還元されるのに応じて、お金自身の動きが量的な大小に還元されていく。ものさしを当てられないこと、ものさしのないことがお金の真のものさしとなる。

以上のことは主観にも投影されるわけで、生産物と欲求の拡大が、非人間的な、手のこんだ、不自然な、頭でっかちの欲望をはびこらせ、それを利用するぬけ目のない打算的な人間を生み出す。私有財産は粗野な欲求を人間的な欲求に変えることができないのだ。私有財産を手にした人の頭のなかは、空想と気ままと気まぐれで一杯になるので、宦官《かんがん》が専制君主の寵愛《ちょうあい》を得ようと卑劣に媚《こ》びへつらい、恥ずべき策を弄《ろう》して、鈍くなった享楽能力を刺激するのにもまして、産業の宦官たる生産者は、銀貨をくすね、愛すべき隣人のキリスト教徒のポケットから黄金の鳥を誘い出すために、もっと卑劣な、もっと恥ずべき手段に及ぶのだ。(あらゆる生産物は、他人のふところにある金をおびき寄せる餌《えさ》であり、現実・非現実を問わず、すべての欲求は、蠅を鳥もちへと向かわせる弱みとなり、こうして、社会的・人間的な観念や感情が広く悪用される。人間のもつあらゆる不完全さが、人を天国と結ぶ絆となり、人の心を司祭へと向かわせるきっかけとなるように、あらゆる苦境をうまくとらえて、人びとはいかにも親切そうに隣人に近づき、こう言うのだ。「友よ、君の必要とするものをあげよう。でも、どうしても守ってもらわねばならぬ条件がある。証文を書いてもらわねばならないが、どのインクで書くか知ってるよね。わたしが君から受けとるのは、君にあたえた満足の見返りだ。」）生産者は隣人のどんな邪《よこしま》な思いつきにもつけこみ、当人とその欲求との仲を取りもち、病的な欲望をかき立て、あらゆる弱みを探り出し、こうした親切な助力にたいする手付金を要求するのだ。

私有財産による疎外のありさまは、一方で、欲求とその手段が洗練されるかに見えながら、他方で、欲求の獣のような狂暴化と、完全で、粗野で、抽象的な単純化が生じるというところに、あるいはむしろ、欲求が正反対の意味をもつものとして再生されるところに、示されている。戸外のきれいな空気を吸いたいという欲求すら労働者はもちえなくなり、人は文明の毒気の充満する洞穴へと帰っていく。しかも、そこは他人の支配下にあって、家賃を払わなければ明日にも追い出されるような不安定な住居なのだ。この死人の家にかれは家賃を払わねばならない。アイスキュロスの悲劇に登場するプロメテウスは、人間への立派な贈物の一つとして光の住居をあたえ、それによって野蛮人を人間に変えたのだったが、労働者にとってはもはやそんな住居は存在しない。光、空気といった、単純きわまる動物的な純粋さを、人間は欲求しなくなっている。ごみためと、人間の堕落や腐敗と、文明の文字通りの下水排出口とが、人間の生きる場となる。どこまでも不自然な荒廃と、汚染された自然が、人間の生きる場となる。人間の感覚はもはや人間的に働かなくなるが、のみならず、非人間的にも、つまり動物的にも、働かなくなる。人間労働のもっとも粗野な方式（と道具）が復活するので、たとえば、ローマの奴隷の足踏み車が、多くのイギリスの労働者の生産方式や生活様式になっている。人間は人間的欲求をもたなくなるだけでなく、動物的欲求ももたなくなる。アイルランド人はかろうじて食べる欲求を、それもジャガイモを食べる欲求を、それも最低のくずジャガイモを食べる欲求を、もつにすぎない。しかし、イギリスもフランスも、あらゆる産業都市がすでに小アイルランドとなっている。野蛮人や動物のほうが、狩りの欲求や、運動の欲求や、社交の欲求をもっているだけましというものだ。機械や労働の単純化が、ようやく人間になったばかりの、まったく未熟な人間——子ども——を労働者にするために利用され、その一方、労働者は荒廃した子どもになっている。機械は人間の弱みにつけこんで、弱い人間を機械にしているのだ。

欲求と欲求充足の手段の増加が、欲求と手段の消滅をもたらすさまを、国民経済学者たちはきちんと説明してくれる（説明役としては資本家も挙げることができる。国民経済学者の学問的な告白や存在を相手にする場合、問題となるのはつねに現場の実業家の立場なのだから）。㈠国民経済学者たちは、労働者の欲求をなんとか生きていけるだけの必要最小限に抑え、活動はただ手足を機械的に動かすだけに抑えるのだから、人間はそれ以外に活動の欲求も享受の欲求ももたないことになる。そんな生活でも人間的な生活であり、人間的な生きかたただというのが、かれらの言い分だ。㈡かれらは極貧の生活を基準として、しかもそれを一般的な基準として、算盤《そろばん》を弾《はじ》く。多くの人がそんな生活をしているから一般的だというわけだ。労働者は感覚もなく欲求もない存在とされ、その活動は内容のないただの動きになる。労働者のちょっとした贅沢《ぜいたく》も非難すべきものとされ、ぎりぎり最小限の欲求を超えるものはすべて、受動的な享楽であれ、外へと向かう活動であれ、贅沢だと考えられる。だから、富の学問たる国民経済学が、同時に、抑制の、困窮の、節約の学問となり、実際に、新鮮な空気を欲したり体の運動を欲したりしないように、と説くに至っている。奇跡的ともいうべき産業についての学問が、同時に、禁欲の学問であり、それが真の理想として掲げるのは、禁欲的だが欲ばりの吝嗇漢《りんしょくかん》と、禁欲的だが生産に励む奴隷なのだ。自分の給料の一部を銀行に預ける労働者こそが道徳的な理想像であって、国民経済学は、このお気に入りの思いつきを芝居に仕立てた、奴隷的な芸術さえも見つけだした。上演は観客の涙を誘った。こうして、国民経済学は、世俗的で官能的な外見にもかかわらず現実的な道徳を説く、この上なく道徳的な学問となっている。自己抑制、生活の抑制と、すべての人間的欲求の抑制が、説教の中心をなす。君が食べたり飲んだりを少なくすればするほど、そして、本を買ったり劇場や舞踏会や居酒屋に行くのを控えれば控えるほど、また考え、愛し、理論化し、歌い、描き、詩作するのを抑えれば抑えるほど、それだけ君の節約度は高まり、虫にも埃《ほこり》にも侵されない君の宝が、君の資本が、大きくなる。身を縮《ちぢ》め、つましく暮らせば暮らすほど、もちものは多くなり、外化された生活は大きくなり、疎外されたものをたくさん貯蔵することになる。国民経済学者たちが君の生活と君の人間性から奪ったすべてを、かれらはお金と富で埋め合わせてくれる。君はできないことだらけだが、そのすべてを君のお金はできる。お金は食べること、飲むことができるし、舞踏会や劇場に行くことができるし、芸術や学問や歴史的珍品や政治権力を手に入れる術を心得ているし、旅ができるし、君のためにすべてを獲得することができる。それらすべてを買うことのできるお金は、本物の能力である。しかし、そんな力をもつお金だが、そのお金は、自分自身を作り出すこと、自分自身を買うことしかしようとしない。というのも、他のすべてのことはお金の奴隷であって、わたしが主人たるお金をもったとなれば、奴隷をもったことになり、あえて奴隷を求める必要がなくなるからだ。すべての情熱とすべての活動は、所有欲のもとに没していかざるをえない。労働者は生きていくのに必要なだけしかもってはならないし、もつためにのみ生きようとしなければならないのだ。

さて、国民経済学の土俵で確かに論争がもち上がっている。一方の側（ローダデールやマルサスなど）は贅沢《ぜいたく》を推奨し、節約を呪い、他方の側（セイ、リカードなど）は節約を推奨し、贅沢を呪っている。しかし、前者は、贅沢を望むのが労働を（つまり、絶対的な節約を）作り出すためだと認めているし、後者は、節約を推奨するのが富を、つまり贅沢を生みだすためだと認めている。前者は、所有欲がたんに金持の消費だけを促すわけではなかろう、というロマン的な幻想を抱いている。そして自分の法則に矛盾するのもかまわず、浪費は直接に富を増す手段だと主張する破目になって、相手側から、浪費によってわたしの所有は増えるのではなく減るのだということを、懇切丁寧に証明してもらうことになる。その相手側は相手側で、まさに気まぐれや思いつきが生産を左右することを認めない、という点で偽善的だ。かれらは「洗練された欲求」なるものを忘れ、消費なくして生産はないことを忘れている。生産が競争によって多面的になり、贅沢へと向かわざるをえないのを忘れ、使用が物の価値を左右し、流行が使用を左右することを忘れている。かれらは「役に立つもの」だけが生産されるような事態を望むのだが、役に立つものを生産しすぎると、役に立たぬ人間が度を超えて作り出されることを忘れている。どちらの側も、浪費と倹約、贅沢と赤貧、富と窮乏が同じものであることを忘れている。

さらにいえば、君は食べる等々の直接の感覚行為を控え目にしなければならないだけではない。経済的であろうとし、幻想に引きまわされて没落するのを避けたかったら、一般的な利害に関与したり、人に同情したり、人を信頼したりといったすべてのことから身を退《ひ》かなければならない。

君は君のものすべてを売れるものに、つまり役に立つものにしなければならない。わたしは国民経済学者に尋ねる。わたしがわたしの肉体を他人の快楽のために犠牲にし、売りものにして金をもうけるとしたら、わたしは経済法則に従っているのだろうか（フランスの工場労働者は妻や娘の売春をX時間目の労働と呼んでいるが、文字通りそうだ）。あるいは、わたしが友人をモロッコに売ったとしたら、それは国民経済学にかなう行動なのだろうか（徴集兵の売買のような直接の人身売買があらゆる文明国でおこなわれている）。国民経済学者の答えはこうだ。君の行動は国民経済学に背反するものではない。しかし、道徳さんと宗教さんの言うことも聞いてみたほうがいい。国民経済学流の道徳と宗教なら君になに一つ異を唱えはしないが、しかし、……しかし、わたしは国民経済学と道徳のどちらを信じるべきなのか。国民経済学の道徳は、かせぐことであり、労働と節約であり、冷静であることだ。そして、国民経済学に従っていれば、欲求の満足は約束される。一方、道徳上のもうけとは良心や徳が豊かになることだ。しかし、わたしが生きていけないとしたら、どうして徳をもつことができようか。なにも知らないとしたら、どうして良心をもつことができようか。道徳と国民経済学のそれぞれが、別々の、正反対のものさしをわたしに押しつけるのは、疎外の本質からしてそうなるのだ。それぞれが一定の人間疎外の形式であり、疎外された本質的活動を一定の枠組のもとにまとめたものであって、そこでは疎外と疎外が関係し合っているのだ。たとえば、ミシェル・シュヴァリエ氏（一八〇六〜六九）は、リカードにたいして道徳を度外視していると非難する。が、リカードは国民経済学の言いたいことをそのままことばにしている。そのことばが道徳的でないとしても、それはリカードの罪ではない。ミシェル・シュヴァリエだって、道徳を語るときは国民経済学を度外視するし、国民経済学に身を入れるときは、実際上どうしても道徳は度外視せざるをえないのだ。国民経済学と道徳との関係は、恣意や偶然に左右される、根拠なき非学問的な関係ではないとしても、つまり、見せかけの関係ではない、本質に根ざした関係だとしても、やはり、国民経済学の法則と道徳との関係であることに変わりはない。関係がなりたたなくても、関係が逆転したとしても、リカードにはどうしようもない。さらにいえば、国民経済学と道徳との対立も見せかけの対立にすぎず、対立のように見えてなんの対立でもない。国民経済学は自分の流儀で道徳法則を表現しているだけだ。

国民経済学の原理である欲求喪失は、その人口理論においてもっともあざやかに示される。かれらは人間が多すぎるというのだ。人間の存在までが純粋な贅沢《ぜいたく》とされて、道徳的たらんとする労働者は生産を節約するはずだというのだ（ミルは性的関係に控え目な人びとを公然と称賛し、結婚しても子どもを作らない、という掟を守らない人びとを公然と非難している）。人間の生産が公然たる窮乏としてあらわれるのだ。

生産が金持にたいしてどんな意味をもつのかは、貧乏人にたいする生産の意味のうちにはっきりとあらわれる。上に向かう表現はつねに品よく、秘密めかした、曖昧な、仮面をかぶったものだが、下に向かう表現は粗野で、むきだしで、あけっぴろげで、本質的だ。労働者の粗野な欲求は、金持の上品な欲求よりもずっと大きな利益の源泉なのだ。ロンドンの地階住居は、家主たちに宮殿よりも大きな収入をもたらすので、地階住居はかれらにとって大きな富であり、国民経済学的にいえば、大きな社会的富である。そして、産業は欲求の洗練を当てにするのと並んで、粗野な欲求をも――しかも、人為的に作り出された粗野な欲求をも――当てにしている。粗野な欲求の満足とは、本当をいえば、みずからを麻痺させて見せかけの満足を味わい、野蛮な欲求の内部で文明を気どることにほかならない。だから、イギリス人の居酒屋は私有財産の目に見える表現だといえる。そこでの贅沢こそは、産業的な贅沢や富と人間との真実の関係を示している。実際、居酒屋は、唯一の、少なくともイギリス警察が寛大に扱ってくれる、民衆の日曜娯楽だということができる。

すでに見たように、国民経済学者は労働と資本の統一をさまざまな形で提示している。㈠資本は蓄積された労働である。㈡生産の内部での資本の働きは、利益をともなった資本の再生産という形を取るにせよ、原料（労働の素材）としての資本という形を取るにせよ、みずから働く道具――機械は労働と直接に一体化した資本だ――としての資本という形を取るにせよ、生産的な労働としてあらわれる。㈢労働者は資本である。㈣賃金は資本のコストの一部をなす。㈤労働者にかんしていえば、労働はかれの生活資本の再生産である。㈥資本家にかんしていえば、労働はかれの資本の活動の一要素である。

最後に、㈦国民経済学者は資本と労働の根源的統一を、資本家と労働者の統一として想定するが、それは楽園のような原始状態だ。二つの要素が二つの人格として対立しつつ登場するのは、国民経済学者にとっては偶然の、それゆえ外からしか説明できない出来事なのだ（ミル参照）。貴金属の感覚的な輝きに目がくらみ、金貨を物神的に崇拝する国民は、いまだ完全な意味での貨幣国民ではない。その点で、フランスとイギリスは好対照をなす。理論的な謎の解決が、どれだけ実践の課題であり、実践に媒介されているのか、いいかえれば、本当の実践がいかに現実的で積極的な理論を生む条件となるのかは、たとえば物神崇拝のありさまにはっきり示されている。物神を崇拝する人の感覚的意識がギリシャ人のそれとちがうのは、感覚的な生きかたがちがうからだ。自然にたいする人間の感覚、あるいは、自然を感じる人間の感覚、したがってまた、人間に自然と備わる感覚が、いまだ人間独自の労働によって作り出されていない段階では、感覚と精神とが抽象的に敵対せざるをえないのだ。

平等とは、ドイツ哲学の「自我＝自我」が、フランスにおいて政治的形式に翻訳された思想にほかならない。共産主義の土台たる平等は、共産主義を政治的に基礎づけるものであって、ドイツ人が人間を普遍的な自己意識ととらえることによって共産主義を基礎づけるのと、同じものの考えかたを示している。いうまでもないが、疎外の廃棄は、つねに、支配的な力としてある疎外の形式から生じてくるので、ドイツでは、それが自己意識であり、政治的なフランスではそれが平等であり、イギリスでは現実的で、物質的で、独善的な実践的欲求だ。この点からプルードンを批判し、また承認しなければならない。

わたしたちが共産主義をいまだ否定の否定として、私有財産の否定に媒介された人間的本質の獲得として特徴づけ、したがって、真の、自発的な肯定ではなく、私有財産に始まる肯定として特徴づけるとき、……〔以下、草稿の左側がちぎれて紛失しているので判読不可能〕……こうして、人間生活の現実的疎外は克服されずに残り、しかも、人がそれを疎外として意識すればするほど疎外は大きくなるから、疎外が克服されるとすれば、共産主義の実現によって克服されるほかはない。私有財産の思想を廃棄するには、共産主義の思想があれば十分だ。が、現実の私有財産を廃棄するには、現実の共産主義的行動が必要だ。歴史がそれをもたらすだろうが、わたしたちが自己を廃棄する運動としてすでに思想的に認識している共産主義の運動は、現実においてはごつごつした回りくどい過程をたどることになろう。けれども、わたしたちが歴史の運動の限界と目標を承知し、それを超える意識を獲得していることは、現実的な進歩だと考えねばならない。

共産主義的な職工たちが力を合わせるとき、理論や宣伝などが、かれらにとってさしあたりの目的となるだろう。が、同時に、それらを通じてかれらは新しい欲求を――社会の欲求を――わがものとし、手段と思えるものを目的とするに至っている。こうした実践運動は、フランスの社会主義的労働者たちが団結するとき、この上なく輝かしい結果をもたらすはずだ。タバコを吸ったり、飲んだり、食べたりは、もはや結合の手段ではない。社交が、団結が、社交を目的とする話し合いが、かれらには十分にある。人間みな兄弟というのは、かれらにとって、お題目ではなく真実であって、人間の高貴さが労働によって鍛えられた体格から光り輝くのだ。

需要と供給はつねに合致すると国民経済学が主張するとき、人間の供給がつねに需要を上まわること（人口論）を忘れているし、したがって、生産全体の本質的な結果たる人間の生存にかかわって、需要と供給の不均衡が決定的な姿を取ってあらわれることを、かれらはすっかり忘れている。

手段のように見えるお金がどれほどに真の力であり唯一の目的であるのか、――わたしの生存を保証し、外部にある対象物をわたしのものとする手段（お金）がどれほど自己目的であるのか、――それを推察するには、土地が生活の源である農村において、土地財産が、また、馬と剣が真の生活手段である場所において、馬と剣が、たんなる手段ではなく、真の政治的な生活権力としても認められていたことを考え合わせればよい。中世においては、帯剣を許された階級は解放されていた。遊牧民にあっては、馬こそがわたしを自由民に、共同体への参加者に、するのだ。

すでに述べたように、人間が洞穴生活に舞いもどるとき、その洞穴はよそよそしい、敵意に満ちた場となっている。未開人の洞穴は、安楽と保護を約束する素朴な自然の一要素だから、未開人はよそよそしく感じるどころか、むしろ、水に住む魚のようなくつろいだ気分で暮らしている。これにたいして、貧乏人の地下住居は、敵意に満ちた、「かれの血と汗を代償に提供される、疎遠な力を帯びた住居」だ。かれはそれを、ここではくつろげると最終的に言えるような自分の家と見なすことはできず、むしろ他人の家にいて、日々見張られ、家賃を払わなければ即刻追い立てられるように感じている。かれはまた、彼岸の、富の楽園にある王侯貴族の住居と比べると、自分の住居は質的に天と地の差があるのを知っている。

疎外は、わたしの生活手段が他人のもとにあり、わたしの望むものが、わたしの手のとどかぬ他人の所有物となっているところに示されているだけでなく、あらゆる物が本来あるべき場所になく、わたしの活動が他人の活動となり、最後に——これは資本家にも当てはまることだが――総じて非人間的な力が支配力を揮うところに示されている。

享楽のみに身をゆだね、怠惰で、浪費的な富のありようを考えると、享楽者は、自分が道を外れて荒れくるう、はかない個人にすぎないことを、身をもって示しているとともに、他人の奴隷労働を――人間の血と汗を――自分の欲望の餌食と心得、人間そのものを――したがって自分自身をも――なにかの犠牲に供されるつまらない存在だと心得ている。かれの人間蔑視は、何百人の生命を支えるだけのものを捨て去る高慢さとしてあらわれることもあれば、自分の放縦《ほうじゅう》な浪費や、歯止めのきかぬ非生産的な浪費があるからこそ、他人の労働や生存が確保されているのだ、といった恥ずべき思いこみとしてもあらわれる。かれときたら、人間本来の能力の実現を、自分の非本質的な気まぐれやひねくれた思いつきの実現だとしか考えられないのだ。こうした浪費好きの金持は、他方、富をたんなる手段としか考えず、どんどん使うしかないものと考えている。だから、富の奴隷でも主人でもあって、高慢であるとともに卑屈であり、気まぐれで、暗愚で、うぬぼれ屋であるとともに、優雅で、教養ゆたかで、才気に富んでいる。かれは、富がまったく疎遠な力としておのれ自身を支配するような事態を経験したことがなく、富のうちに自分自身の力しか見ていない。かれにとっては、富ではなく享楽こそが最終目的なのだ。〔このあと、三行ほど原文が欠けている〕……感覚的な見せかけに目をくらまされた、富の本質についてのきらびやかな幻想に対立するものとして、富の本質を明晰にとらえた、勤勉で、冷静で、散文的で、経済的な産業家が登場する。かれは、浪費家の享楽欲を広げてやり、生産活動を通して浪費家に甘いお世辞をささやきつつ――かれの生産物とは浪費家の欲望に向けられた低級なお愛想なのだ――、浪費家のもとから消えていく力を唯一、役に立つやりかたでわがものにする術を心得ているのだ。こうして、産業的な富は、当初は、浪費家の幻想的な富の結果としてあらわれるが、やがて、その富の運動が、富に固有の力強い動きによって、浪費家の富を駆逐してしまう。金利の下落は産業上の運動の必然的な帰結でありに結果なのだ。こうして、享楽の手段と落とし穴が増えるのと反比例して、浪費好きの金利生活者の手段は、日々に減少していく。金利生活者は自分の資本を食いつぶして没落するか、産業資本家になるかしかない。……他方、地代は、産業の運動の進展によってただちに上昇しつづけるが、すでに見たように、ある時点に達すると、土地財産は他のすべての財産と同様、利益をともなって再生産される資本のカテゴリーに転落せざるをえない。それもまた同じ産業の運動の結果だ。だから、浪費家の地主も、自分の資本を食いつぶして没落するか、自分の土地の借地農に——土地を耕す産業家に——なるかしかない。

したがって、金利の低下は——それをプルードンは資本の廃棄であり、資本の社会化に向かうものだと考えたのだが——、むしろ、浪費的な富にたいする勤勉な資本の完全な勝利を示す一徴候にすぎない。それは、すべての私有財産の産業資本への転化であり、見かけの上では人間らしさを備えた私有財産にたいする、資本としての私有財産の完全な勝利であり、私有財産の本質——労働——のもとへの、財産家の完全な屈服である。

むろん、産業資本家も享楽しないわけではない。が、かれは不自然なまでに単純な欲求へと帰っていくことはなく、かれの享楽は、生産の合間をぬっての保養にすぎず、計算ずくの、経済的な享楽である。かれは自分の享楽を資本のコストに算入するから、享楽への出費が許されるのは、利益をともなう資本の再生産によって埋め合わせができる程度に限られる。つまり、浪費家の場合とは反対に、享楽が資本に包摂され、享楽する個人が資本を動かす個人に包摂されるのだ。したがって、金利の低下が資本の廃棄の徴候だといえるのは、それが資本の完全な支配の徴候であり、完成へと向かうことが廃棄へと急ぐことでもあるような、そういう疎外の徴候であるかぎりでのことだ。一般に、現体制がその反対物を認めるという場合の、それが唯一の方式なのだ。だから、贅沢《ぜいたく》や倹約をめぐる国民経済学者たちの口論は、富の本質を明るみに出した国民経済学と、ロマン的な反産業の思い出を捨て切れない国民経済学との口論にすぎない。が、双方が論争の対象となる事柄をすっきりと表現できないがために、口論は決着がつかないのだ。

土地所有者こそが唯一の真なる生産者だという重農主義者の主張にたいして、土地所有者こそ唯一のまったく非生産的な金利生活者だ、ということを近年の国民経済学が証明したことによって、地代そのものは地に落ちてしまった。資本家が農業から通常の利益を期待できるようになれば、自分の資本を農業につぎこむことになって、農業が資本家の事業となる。重農主義者の言い分では、唯一の生産的所有物たる土地財産だけが国税を支払い、国税を承認もし、国政に関与することができる、というのだが、事情はむしろその逆であって、地代にかけられる租税こそ非生産的収入にたいする唯一の租税であり、国民生産を害することのない唯一の租税なのだ。そう考えれば、土地所有者たちの政治的特権も、かれらが主要な租税負担者であることから生じるのではないことは、おのずから明らかだ。

資本には二つの種類――産業活動のなかで消費されることのない資本と、産業活動において消費される資本との二種類――があるが、プルードンが資本に対立する労働の運動としてとらえたもののすべては、産業活動に消費される資本の枠内での、労働の運動にすぎない。そして、この運動は勝利への道を――産業資本の勝利する道を――前へと進む。だから、労働が私有財産の本質としてとらえられたとき初めて、国民経済学の運動そのものも、その現実的な姿が明確に見えてくるのである。

五. 分業

国民経済学者の前にあらわれる社会は、各個人がさまざまの欲求のまとまりとして生きる市民社会であって、各個人は、他人と関係しながら、たがいに他人の手段となるかぎりで、そこに存在する。国民経済学者は、人権をとらえる政治学者と同様、一切を個人の形の人間に還元し、個人からすべての規定を剝ぎとって、資本家あるいは労働者を作り上げる。

分業とは、疎外の枠内での労働の社会性をあらわす、国民経済学の表現である。いいかえれば、労働とは外化の枠内での人間的活動の表現であり、外化という形を取った生命発現の表現にほかならないのだから、分業もまた、現実の類的活動としての人間の活動の——あるいは、類的存在としての人間の活動の——疎外形態ないし外化形態にほかならない。

分業は、労働が私有財産の本質として認識されたとたんに、富の生産の中心的な原動力ととらえられねばならなかったが、その本質について——つまり、類的活動としての人間活動の疎外され外化されたこの形態について——国民経済学者たちは、きわめて曖昧な、相矛盾する言説を弄してきた。

アダム・スミスはこう言っている。「分業は人間の知恵を起源とするものではない。人間には物を交換し、生産物を売り買いする傾向があって、その必然的な、ゆっくりとした、段階的な発展の結果として分業が生じたのだ。取引へと向かうこの傾向は、どうやら、理性とことばの使用から必然的に生じてきたらしい。この傾向はすべて人間に共通して見られるが、動物にはまったくない。動物は成長するとすぐに独力で生きる。人間はたえず他人の援助を必要としているが、他人の好意を期待するだけではうまく行かない。相手の個人的な利益に訴え、こちらの望むことをしてくれるとあなたにとっても利がある、と説得するほうがずっと援助を得やすい。他人に向かって、その人間性に訴えるのではなく、そのエゴイズムに訴えることだ。こちらの欲求を語るのではなく、あくまで相手の利益になると説明するのだ。……こうして、わたしたちは交換や取引や売買によって、たがいが必要とする助力の多くを得ているわけで、分業が起こったのも、物を交換しあうこのような性質のおかげだ。たとえば、狩猟民や牧畜民のなかに人よりもすばやく巧みに弓矢を作る者がいるとしよう。かれはまわりの仲間とのあいだで自分の作った弓矢と鳥獣をなんども交換し、そのうち、鳥獣を手に入れるのに、みずから狩りに出かけるよりも交換によるほうが得やすいことに気がつく。そこで、自分の利益を考えた上で、弓矢の製造を主な仕事とすることになる。個人のあいだの生まれつきの才能のちがいは、分業の原因というより、分業の結果としてあらわれるのだ。……取引し交換する性質が人間になかったら、だれもが生活上必要なものや便利なもののすべてを、自分で作り出さねばならないだろう。だれもが日々同じ仕事をしなければならないわけで、となると、才能の大きなちがいを生みだす唯一の原因たる、仕事の大きなちがいは起こらなかったはずだ。……ところで、交換へと向かう傾向こそが、人間のあいだに才能のちがいを生み出したのだが、またこの傾向のおかげで、才能のちがいがたがいの役に立つものになっている。多くの動物は、同じ種であっても生まれつき異なる性格をもっていて、そのちがいが未開の人間のあいだに認められるちがいより目につくことが少なくない。哲学者と荷かつぎ人夫との生まれつきの才能や知性のちがいは、番犬とグレーハウンド、グレーハウンドとスパニエル、スパニエルとシェパードのちがいの半分もない。にもかかわらず、これらさまざまな動物たちは、同種の動物の場合でも、たがいがたがいの役に立つということがない。番犬が、たとえばグレーハウンドの身軽さを利用することによって、力強いという自分の利点になにかを付け加えるということはない。取引や交換の能力ないし傾向を欠いているために、才能や知性の段階のちがいをたがいに組み合わせることができず、類として役立てたり暮らしを便利にしたりすることがない。……動物はそれぞれが他の動物とは独立に自分を支え守らねばならず、自然が同類のあいだに作り出した才能のちがいを、ほんのわずかでも役立てることができない。これにたいして、人間の場合には、どんなにかけ離れた才能でも、たがいに役立てることができる。取引と交換に向かう人類共通の性質のおかげで、それぞれの産業部門のさまざまな製品が、いうならば共同の塊のなかに投げこまれ、各人は自分の欲求に応じて他人の作った製品のどれかを買いに行けるからだ。交換に向かう傾向が分業の源泉だとすれば、分業の発展はつねに交換能力の広がりによって、いいかえれば、市場の大きさによって、制約を受ける。市場がきわめて小さいときには、だれしもただ一つの仕事に専念する気にはなれない。自分の消費を超える労働生産物の多くを、手に入れたいと思う他人の生産物と交換できる条件がないからだ。……」（『国富論』第一篇、16～20ページ）状況が進むと、「すべての人が、交換によって生活を維持する一種の商人となる。そして、社会そのものが、実際、商業を営む社会となる。（デステュット・ド・トラシイは、社会は相互交換のつらなりであり、商業のうちに社会の本質の全体がある、と言っている。）……資本の蓄積は分業とともに増大し、分業は蓄積とともに増大する。」（同右、25ページ）――これがアダム・スミスだ。

「各家族が消費する対象のすべてをみずから生み出すとしたら、交換がまったくおこなわれなくても、社会は存続しうるはずだ。交換は根本的なものではないけれど、進んだ状態の社会では欠くことができない。分業は人間の力の巧みな応用であって、それによって社会の生産物、社会の力、社会の満足が増加する。が、他方、個としての人間の能力は奪いとられ、減少する。――生産は交換なしには成立しない。」――これがJ・B・セイの主張だ。

「人間に内在する力としては、人間の知性と、労働できる肉体的素質がある。社会の状態から生まれてくる力としては、労働を分割し、さまざまな労働をさまざまな人間に配分する力があり、……相互にサービスを交換し、そうやって作り出される製品を交換する能力がある。人間が他人にサービスを提供する動機は利己心である。人間は他人のためにおこなったサービスにたいしては、報酬を求めるのだ。人間のあいだに交換がなりたつためには、排他的な私有財産の権利が不可欠である。」「交換と分業はたがいに原因であり結果である。」——これがスカルベクだ。

ミルは交換の発展形態たる取引を、分業の結果として表現している。

「人間の活動はきわめて単純な要素に還元できる。人間が本当にできるのは、運動を作り出すこと以上ではない。人間ができるのは物を動かしてたがいに遠ざけたり近づけたりすることで、あとは物質に備わるさまざまな性質がやってくれる。労働と機械を適用するに当たっては、巧みな配分によって——対立する作業を分割し、たがいに協力し合う作業を統一することによって——成果を高められることが少なくない。総じて人間は、多くのちがった作業を同じ速さと同じ器用さで実行することはできず、慣れることによって少数の仕事にすぐれた能力を発揮するのだから、各個人にゆだねられる作業の数をできるだけ制限するのがつねに得策である。——分業や、人間および機械の力の配分を、できるだけ有利におこなうには、大抵の場合、大規模に作業することと、もしくは、大量の富を生産することが必要だ。この有利さゆえに大製造業が発生してきたのであって、そうした工場が好条件のもとに設立されるなら、わずかな数の工場でもって、一国ないし数国の必要とする製品の量を供給できるというのも珍しくない。」――これがミルだ。

しかし、近年の国民経済学は、分業と生産の豊かさ、分業と資本の蓄積が、たがいに原因となり結果となっていること、そして、自由放任の状態にある私有財産だけが、もっとも有益で包括的な分業を生み出しうること、この二点では完全に意見の一致を見ている。

アダム・スミスの立論を要約すると、分業は労働に無限の生産能力をあたえる、となる。分業の根拠は、人間に特有の交換と売買の傾向にあり、その傾向は偶然に生じたものではなく、理性とことばの使用から生じたものらしい。交換に向かう人の動機は、人間性ではなくエゴイズムである。人間の才能の多様性は、分業つまり交換の原因というより結果である。多様性を役立たせるのも分業ないし交換である。ある動物種に生まれつき備わった、種類別の特殊な性質は、人間の素質や活動力よりも大きく異なっている。が、動物は交換することができないから、同一種だが種族の異なる動物のもつ異なった特性が、ほかの個体に役立つということがない。動物は同類の動物のさまざまな特性を結合することができず、それを種族共通の利点や便利さへと導くことができない。人間はそこがちがう。てんでんばらばらの才能や活動様式がたがいに役立つものとなるので、というのも、それらの生み出すさまざまな製品が、共通の塊のなかに投げいれられ、そこから各人が必要なものを買うことができるからだ。分業が交換の傾向から生じたのに見合って、その発展は、交換の——市場の——拡大に左右される。分業が進むと、すべての人間が商人となり、社会は商業社会となる。

セイは交換を偶然のものと見て、根本的なものとは見ていない。社会は交換なしでもなりたちうる。社会が進むと、交換は不可欠になる。生産は交換なしには起こりえない。分業は便利で、役に立つ手段であり、社会を豊かにするための人間力の巧みな活用ではあるが、個としての各人の能力はそれによって減退する。最後の指摘はセイの一歩前進を示している。

スカルベクは人間に内在する個人の力——知性と労働できる肉体的素質——を、社会に由来する力——たがいに原因となり結果となる交換と分業——から区別する。しかし、交換の不可欠の前提となるのが私有財産だ。ここでスカルベクが客観的な形式のもとに表現しているのは、スミスやセイやリカードなどが、交換の根拠はエゴイズムないし私的利益にあり、交換の必要十分条件は欲がらみの売買だと言うのと別のことではない。

ミルは商取引を分業の結果だとしている。人間の活動は機械的運動に切りつめられ、分業と機械の利用が生産の豊かさを促進するとされる。一人一人の人間には、できるだけ小規模の作業があてがわれねばならない。分業と機械の利用は、大量の富の——製品の——生産を促す。こうして大製造業が生まれる。

分業と交換の考察が興味津々なのは、分業と交換が人間という類的存在にふさわしい活動と本来の能力を、明々白々な疎外の形式において表現しているからだ。

分業と交換が私有財産に支えられているということは、労働が私有財産の本質だという主張以外のなにものでもない。国民経済学者には証明できない主張だが、わたしたちがかれらに代わって証明することにしよう。分業と交換が私有財産から出てくる形態だという、まさにそのことのうちに、人間の生活を実現するのには私有財産が必要だったこと、および、いまや私有財産の廃棄が必要とされていること、以上の二つを証明する鍵がある。

分業と交換の二つは、国民経済学者がおのれの学問の社会性を自慢する現象であるとともに、その学問の矛盾を——非社会的な特殊利害によって社会を基礎づけるという矛盾を——無意識のうちに表明する現象でもある。

わたしたちの考察すべき要素は、第一に、交換の傾向が——その根拠はエゴイズムに見出されるのだが——分業の根拠と見なされるのか、分業と相互作用の関係に置かれるのか、という点にかんするものだ。セイは、社会の本質にとって交換は根本的なものではないと考える。富ないし生産は、分業と交換によって説明される。分業によって個人の活動が貧弱な非本質的なものになることは認められている。交換と分業は、人間の才能の大きなちがいを生むものだと承認されてはいるが、その差異は交換と分業によって再び有益なものとなる。スカルベクは、人間の生産活動ないしは本質的生産力を二つの部分に分割する。一つが、人間に内在する個人的な知性と、労働へと向かう資質ないし能力であり、もう一つが、現実の個人に由来するのではなく、社会に由来する分業と交換だ。——その上、分業は市場の制約を受ける。——人間の労働は単純な機械的運動であって、生産の主体をなすのは対象の物質的な特性である。——個人にあてがわれるのはできるだけ小さな作業でなければならない。労働は分散化し、資本は集中する。個人の生産活動は無に帰するが、大量の富が生産される。分業を進める上で自由な私有財産が力を発揮することを理解しなければならない。

六．お金

人間の感覚や情熱が、個体として見た人間のありさまというにとどまらず、人間の本質の（人間の自然の）真に存在論的な肯定であるとすれば、そして、感覚や情熱を現実的なものとして肯定するには、対象が感覚的にあらわれてこなければならないとすれば、以下のことは問題なくいえる。㈠感覚や情熱がなにかを肯定する肯定のしかたはけっして同一ではなく、むしろ、肯定のしかたがさまざまな形を取るところに感覚や情熱の独自のありかたや生きかたが示されている。感覚や情熱にたいして対象がどうあるのかによって、感覚や情熱の対象享受のありかたが決まってくる。㈡感覚的な肯定が、独立に存在する対象を直接に破棄するという形を取る場合（食べる、飲む、対象を加工する、といった場合がそうだ）、破棄することが対象を肯定することだ。㈢人間が人間らしい存在であり、その感覚や情熱も人間らしいものであるなら、他人による対象の肯定が同時に自分の享受でもある。㈣産業の発達のなかで私有財産が生産を媒介するようになって初めて、人間の情熱の存在論的本質が全体として、また人間らしい形で、あらわれてくる。とすると、人間についての学はそれ自体が人間の実践的な自己活動の産物である。㈤私有財産の意味は——それが疎外から解放された場合には——享受の対象としても、活動の対象としても、人間にとって本質的な対象がそこに存在しているということだ。

お金は、なんでも買えるという特性をもち、すべての対象をわがものにできる、という特性をもつのだから、すぐれた所有物という資格をもつ対象である。その特性がどこでも通用することがお金の全能性であり、お金は全能の存在として力を揮う。……お金は欲求とその対象を仲介するものであり、人間の生活と生活手段を仲介するものである。しかし、わたしにたいしてわたしの生活を仲介してくれるものは、わたしにたいする他人の存在をもわたしに仲介してくれる。こうしてわたしの前に他の人間があらわれる。

なんてこった。そりゃ、手も足も、
頭も尻も、あんたのものだ。
だが、わたしがいまのいま楽しむすべてが、
わたしのものじゃないとは言えますまい。

わたしが馬六頭分の代金を払えば、
その馬力はわたしのものになる。
駆け出したとなると、二十四本もの脚をもつ
立派な男というわけだ。

ゲーテ『ファウスト』（メフィストフェレスのせりふ）

シェイクスピアの『アテネのタイモン』にはこうある。

金貨か。高価な、きらきら輝く、黄金色《こがねいろ》の金貨か。いや、神々よ。
わたしは伊達《だて》に祈ってるんじゃない。

これだけの金貨があれば、黒を白に、醜を美に、
悪を善に、老いを若さに、卑怯者を勇者に、賤民を貴族に変えられる。
こいつは……司祭さまを祭壇から引きずりおろし、
半病人の枕を引きはがす。
実際、この黄金色の奴隷ときたら、信仰の絆《きずな》を解いたり結んだり、
呪われたものを祝福したりもする。
癩病やみを愛すべきものにし、泥棒を表彰し、
そやつに地位と、人を跪《ひざまず》かせる権威と、元老院なみの勢力をあたえる。
老いぼれの後家のもとに求婚者をつれて行く。
吐き気を催す膿《う》みただれた傷のせいで病院を追い出された女を、
香油をかけて若返らせ、
華やぐ乙女に変えるのもこいつだ。
いまいましい金属め、
お前はどんな人間にも媚《こ》びを売り、
人びとをだまくらかす娼婦だ。

もっとあとには、こんなせりふもある。


お前は愛らしいなりをして王を殺害し、高貴を装って親と子の仲を裂く。

輝く身ながら婚礼の浄《きよ》らかな床を汚すのだ。

軍神マルスのように勇敢なやつよ。

永遠に花咲く優しい求婚者よ。

お前の黄金色の輝きは、女神ダイアナの浄らかな膝につもる聖なる雪をも解かしてしまう。

お前は、目に見える神だ。

お前は結びつきそうもないものを結びつけ、キスを強要する。

どんなことばでも話し、どんな目的でもなしとげる。

おお、心の試金石よ。

お前の奴隷である人間が反抗したとしたらどうだ。

お前の力はかれらすべてをめちゃめちゃにするだろう。

そして、動物がこの世の支配者となるのだ。

シェイクスピアはお金の本質を見事に描写している。かれの言うところを理解するために、まずはゲーテの詩句の解釈から始めよう。

お金によってわたしの手に入るもの、わたしの支払うもの、お金で買うもの、それがお金の所有者たるわたしそのものだ。お金の力の大きさがわたしの力の大きさだ。お金の特性がわたしの――お金の所有者の――特性であり、本来の能力だ。わたしがなんであり、なにができるかは、わたしの個性によって決まることではまったくない。わたしは醜いが、飛び切り美しい女性を買うことができる。とすれば、わたしは醜くない。醜さは相手をたじろがせる力となってあらわれるが、その力がお金によって消滅しているのだから。わたしは――わたしの個性からすると――足が不自由なのだが、お金で二十四本の足を手に入れたのだから、足が不自由ではない。わたしは低劣な、不正直な、良心のない、才気のない人間だが、お金が尊敬されるのに見合って、お金の所有者も尊敬される。お金は最高善だから、その所有者も善良だということになるし、その上、お金のおかげでわたしは不誠実になる必要もないから、誠実だと見なされる。わたしには才気がないが、お金にはあらゆる物を差配《さはい》できる才気があるのだから、その所有者がどうして才気がないなどといえようか。その上、お金があれば才気ゆたかな人びとを買うことができるわけで、才気ゆたかな人間を支配できる者が、相手よりもっと才気ゆたかでないはずがないのだ。人間の心があこがれるすべてのものをお金で自由にできるわたしが、人間の能力のすべてを所有していないはずはない。とすれば、わたしのお金は、わたしの無能力のすべてを、その反対物に変えるのではないのか。

お金がわたしをわたしの生活に結びつけ、わたしと社会とを、わたしと自然や人間とを結びつける絆《きずな》だとしたら、お金はすべての絆の絆ではないのか。それはすべての絆を解いたり結んだりできるのではないか。とすれば、それは一般的な分割手段でもあるのではないか。それは真の結合手段であり、社会の電気化学的な力であるとともに、真の分離貨幣（補助貨幣）でもあるのだ。

シェイクスピアはお金について次の二点をとくに取り上げている。

㈠ それは目に見える神であり、すべての人間的・自然的特性をその反対物に変えるものであり、物を一般的に混同させ転倒させる力である。それは結びつきそうもないものを結びつける。

(二) それはどこにでも登場する娼婦であり、どこにでも登場する人間と国民の仲介役である。

すべての人間的・自然的性質を混同させ転倒させ、結びつきそうもないものを結びつけるお金の神聖な力は、お金が、疎外され、外化され、外へと出てきた人間の類的存在だというその本質から生じる。お金は人類の能力が疎外されたものだ。

わたしが人間としてはおこなえず、したがってわたしのすべての個人的な本来の能力をもってはおこなえないことを、わたしはお金によっておこなうことができる。とすれば、お金は本来の能力の一つ一つを、それがもともとあるのではないものに、その反対物に、変えるといえる。

わたしがある料理を食べたいと思ったり、道を歩いていくだけの元気がなくて駅馬車を使いたいと思うとき、お金があればその料理や駅馬車を調達できる。つまり、お金はイメージとしてあるわたしの望みを変化させるわけだ。思考され、イメージされ、意志された存在を、感覚的で現実的な存在に移しかえ、イメージを生活に、イメージされた存在を現実の存在に移しかえる。こうした媒介体としてお金は真なる創造力を発揮する。

需要は、まったくお金をもたない人にも存在するが、その需要はたんにイメージとしてあるにすぎず、わたしにたいしても他の人間にたいしても、なんの作用も及ぼさず、なんの存在感もなく、わたしにとってはあくまで非現実、非対象でしかない。お金に支えられた有効な需要と、わたしの欲求や情熱や望みに支えられた無効な需要とのちがいは、存在と思考のちがい、わたしのうちに存在するただのイメージと、わたしの外に現実の対象として存在するイメージとのちがいだ。

わたしは、旅をするお金をもたないときは、旅の欲求ももたない。つまり、旅をしたいという現実的な、実現へと向かう欲求をもたない。学問に向く天賦《てんぷ》の才をもっていても、そのためのお金がなければ、天賦の才を――実質的な才を、本当の才を――もっているとはいえない。反対に、現実には学問に向く天賦の才をもっていなくとも、意志とお金があれば、実質的な才をもっていることになる。人間そのものに由来するのでもなく、人間社会そのものに由来するのでもない、外的で一般的な存在としてのお金――イメージを現実となし、現実をたんなるイメージとなす、手段ないし能力としてのお金――そのお金は、現実の人間的・自然的な実力をたんに抽象的なイメージに、まったく不完全なものに、せつない妄想に変えてしまうとともに、他方、現実に不完全で妄想にすぎないもの、現実に無力で人間の頭のなかにしか存在しない力を、現実的な実力ないし能力に変えてしまう。以上に述べたことからして、すでにお金は、個性をその反対物に転じたり、個性の特質に矛盾する特質を賦与したりして、個性を転倒させる一般的な力である。

このような転倒する力としてのお金は、個人と対立するようなあらわれかたもするし、自分こそ本質だと主張する社会的な絆などに対立してあらわれることもある。誠実を不誠実に、愛を憎しみに、憎しみを愛に、徳を悪徳に、悪徳を徳に、奴隷を主人に、主人を奴隷に、愚鈍を知性に、知性を愚鈍に転化するのがお金なのだ。

現に存在し動き回りつつ価値を明示するお金は、すべての物を混ぜ合わせ、交換するのだから、すべての物を一般的に混合し交換する力であり、すべての自然的・人間的性質を混合し交換する転倒された世界である。

勇気を買うことのできる人は、自身は臆病であっても、勇気のある人だ。お金は特定の性質や特定の物や人間本来の力と自分とを交換するのではなく、人間的・自然的対象世界の全体と自分とを交換するのだから、お金を所有する人の立場からすれば、あらゆる特性をあらゆる特性と——当の特性に矛盾する特性や対象とも——交換するといえる。それは結びつきそうもないものを結びつける力であり、相矛盾するものにキスを強要する力だ。

人間が人間として存在し、人間と世界との関係が人間的な関係である、という前提に立てば、愛は愛としか交換できないし、信頼は信頼としか交換できない。芸術を楽しみたいと思えば、芸術性のゆたかな人間にならねばならない。他人に影響をあたえたいと思えば、実際に生き生きと元気よく他人に働きかける人にならねばならない。人間や自然にたいするあなたの関係の一つ一つが、輪郭のはっきりした、あなたの意志の対象に適合した、あなたの現実的・個人的な生命の発現でなければならない。あなたが愛しても相手が愛さず、あなたの愛が相手の愛を作り出さず、愛する人としてのあなたの生命の発現が、あなたを愛される人にしないのなら、あなたの愛は無力であり、不幸だといわねばならない。

付録
『精神現象学』の最終章「絶対知」からの抜き書き

『精神現象学』においては、生成してきた絶対知が次のように記述される。

㈠ 啓示宗教においては、現実の自己意識がいまだ意識の対象とはなっていない。精神（聖霊）そのものと、そこに区別されるさまざまな要素は、イメージとして対象的に思いうかべられている。イメージの内容は絶対精神だといえるので、残るのは対象という形式を克服することだけである。

㈡ 意識の対象を克服する過程は、対象が自己へと還っていくものとして示されればそれでよい、といった一面的なものではない。対象が対象としては消滅することが示されることと並んで、自己意識の外化が物の世界を構成する力をもつことが示され、しかもこの外化がたんに消極的な意味をもつだけでなく、積極的な意味をもち、傍観者たるわたしたちの目にその意味がとらえられるだけでなく、当の自己意識自身にもとらえられるのでなければならない。こうして、対象が否定的なものであり、みずからを克服するものであることが、自己意識にとって積極的な意味をもち、自己意識は自己を外化することによって対象が無であることを認識する。というのも、この外化において、自己意識は自己を対象ととらえるとともに、対象を、自己との不可分の統一性ゆえに、自己自身ととらえるからである。そこにはまたもう一つの面がふくまれていて、自己意識はこの外化と対象世界とをもう一度克服し、自分のうちへと還っていく。そういうかたちで、他なるもののうちにあって自己を失わない存在となるのである。

㈢ 以上が意識のおこなう運動であり、そこに意識の要素が全体としてあらわれている。意識は対象のあらゆる側面とかかわりをもち、あらゆる面から対象をとらえねばならない。あらゆる面を一つにまとめたとき、対象は精神的存在となり、意識にたいしてもそのようなものとしてあらわれてくる。そのためには、対象の個々の面が自己としてとらえられ、個々の面にたいしていまいう精神的なかかわりが生じなければならない。

㈣ 対象はまず目の前にある存在であり、物であって、それは「感覚的な意識」に対応する段階である。つぎに、それが他へと変わっていき、他との関係や自分との関係がうまれ、それが「知覚」に対応する。さらに、「科学的思考」に対応するものとして、一般的な法則がある。（存在、本質、概念。一般性、特殊性、個別性。肯定、否定、否定の否定。単純な対立、決定的な対立、克服された対立。直接性、媒介、媒介の克服。自己のもとにある、外化、外化からの帰還。即自、対自、即自かつ対自。統一、区別、自己区別。同一性、否定、否定力。論理、自然、精神。純粋意識、意識、自己意識。概念、判断、推論。）これを全体として見ると、一般法則から特定の性質を経て個物へと至る三段階、あるいは逆に、個物から個物を克服した性質を経て一般法則へと至る三段階が見てとれる。意識は、この三つの視点に沿って、対象が自分自身であるのを認識しなければならない。が、ここでの認識は主客の合一の上になりたつ純粋に概念的な対象把握ではなく、意識のありようという側面からして知の変化とその要素が示されるだけで、本来の概念や純粋な知をなりたたせる要素が、意識の三形態としてあらわれている。したがって、意識そのものにおいて対象がいまいうような精神的存在としてあらわれることはなく、意識と対象との関係も、対象を全体としてとらえたり、純粋な概念形式としてとらえたりするものではない。運動するものとしてあらわれるのは、意識の形態か、形態をいくつか合わせたものかで、それらをまとめあげるのは傍観者たるわたしたちの仕事とされ、意識の次元では、対象の要素と意識のかかわりの要素の全体がばらばらにされ、意識の形態に沿って一面的に示されるだけなのだ。

㈤　対象が目の前に無造作に置かれているのを相手にするのが「観察する理性」で、この理性はばらばらな物のうちに自分をさがしもとめつつ、その行為が対象を外からながめるだけのものであり、対象も自然のままにあるものにすぎないことを意識している。観察する理性の最高の境地が「自我の存在は物である」という無限判断の形をとることも、すでに見たとおりである。ここにいう「物」は、目の前にある感覚的な物をさすが、自我が「魂」と名づけられるとき、自我は物としてイメージされてはいるが、それは触れることも見ることもできない物であって、本当をいえば、「物」ということばであらわされる目の前の存在などではない。となると、さきの無限判断は、精神を欠いた判断のように思えるが、その概念からすると、精神性のゆたかな判断だといえる。いまや、その内面がどう表現されるかを見なければならない。

さて、「物は自我である」という命題がある。実のところ、この無限命題では物が破棄されている。物はそれ自体ではなにものでもなく、関係のなかで意味をもつにすぎない。自我を通じて、自我との関係を通じて、意味をもつにすぎない。物のこうした面は「純粋な洞察」と「啓蒙思想」において明確に意識される。物は端的に「役に立つもの」であり、実用性の面からのみ考察される。「自己疎外された精神の世界」を遍歴する、教養ある自己意識は、自分を外化することによって物を自分自身として産出し、物のうちに自分を保持し、物が自立した存在ではなく、本質的に他のための存在でしかないことを知っている。ここでは、対象の本性をなすのは他との関係なのだが、この関係を完全に表現しようとすれば、物は自分と関係する存在であり、感覚的確信こそ絶対の真理を表現したものだというべきだが、物においては、自分との関係がやがて消滅し、その対極にある他との関係へと移っていって、その自立性が失われるのである。

が、物の知はそこで完結するわけではない。物はそのありのままの姿や性質の面から認識されるだけでなく、内面の本質からして——自己として——認識されねばならない。それをおこなうのが「道徳的自己意識」である。この自己意識は自分の知が絶対の存在であり、存在がまさに純粋な意志であり知であるのを知っている。道徳的な意志と知しか存在するものはなく、それ以外のものはどうでもよいもの、中身のない空虚なぬけがらなのだ。「道徳意識の世界観」においては、自己の外へと追いやられた存在が、ふたたび自己のうちへと取りもどされるが、「良心」の段階になると、存在と自己との交換やすりかえはもはやなくなり、自己の存在そのものが純粋な自己確信だと知られるようになる。道徳意識が行動しつつ踏みこんでいく対象世界は、自己についての純粋な知の世界以外のなにものでもないのである。

㈥　こうした段階を経て、精神と精神の意識との和解が生じてくる。一つ一つの段階はばらばらで、それを精神的に統一したところにはじめて和解の力があらわれる。が、最終段階に当たる「良心」はおのずとその統一をあらわしていて、以前の段階すべてを内部で結びつけている。自分があることを確信している良心は、存在の場に、自分についての知以外のなにものも見出さない。自分の行為が義務の確信にもとづいておこなわれた、という言明が、そのまま行動の正しさを示すことばとなるのだ。――行動は、まずもって概念の単純さを分裂させる力をもち、ついで、分裂を再統一していく。最初の動きが分裂へと向かうのは、承認の問題が入りこんできて、単純な義務の知が、行動そのものにふくまれる鉄の現実と行動との差異や分裂と対立するからだ。が、すでに見たように、「ゆるし」において頑固な対立はしりぞけられ、棄てさられる。現実は、自己意識にとって、目の前に存在するものでありながら、純粋な知であるという以上の意味をもたなくなる。同様に、特定の存在ないし関係として自己に対立するものも、単純な個としての自己についての知という面と、一般的な知という面をもつことになる。が、そこには同時に第三の要素として共同体の存在が想定され、それが前の二つの存在にたいして知としての価値をもつことになる。こうして、現実の存在は空虚なもろもろの対立を破棄して、自我＝自我という知に到達する。個としての自己がそのまま純粋で一般的な知となるのだ。

意識と自己意識のこうした和解は、二つの面から生じてくるのが見てとれる。㈠宗教の精神〔聖霊〕のなかでの和解、㈡意識そのもののなかでの和解の二つで、前者は潜在的な形式をとり、後者は顕在的な形式をとる。これまで見たところでは、二つはまずばらばらにあらわれている。が、意識による和解と宗教による和解の統一のさまを示す必要があって、それには、㈠潜在的な絶対の内容がどういうものか、㈡内容ぬきの形式――自己意識の側面――において精神がどう顕在化するか、㈢絶対的な精神とはどういうものかが知られなければならない。

(七)　この統一は、宗教においてイメージが自己意識へと還っていくところで生じているといえるが、それは、本格的な形をとった統一ではない。宗教というのは、自己意識の運動と対立する、対象自体の運動をあらわすものだから。したがって、統一はむしろ、もう一方の意識の側で生じるというべく、そこでは、意識が、対立のなかで自分のうちへと還っていき、自分自身と自分の対立物との両方を顕在的に、つまり、区別を発展させる形でふくむのである。人間精神の内容と、そのもう一面は、それが別の面であるかぎりで、完全な形を取って目の前に示されているところがあるとすれば、その統一が概念の単一性のもとに示されていないことである。欠けているところ

たとえば、「自己を確信する精神」の形態の一つとして、自分の概念のうちにとどまる「美しい魂」と名づけられるものがあった。この概念は実現へと足を踏みださないでじっとしているから、形態としては一面的で、やがては空虚な靄《もや》のなかに消えていくが、その一方、積極的にみずからを外化し前進していく面もないわけではなかった。そして、そうした自己実現の活動をとおして、対象をもたぬ自己意識の自閉性と、充実を拒否する概念の頑固さが破棄され、自己意識は普遍的な形式を獲得する。真なる概念とは純粋な知を知る知であり、この知、この純粋な自己意識、したがってまた

真の対象でもあるこの自己意識を、神として知る知であって、そこでは対象と自己とが同じものとして向き合っているのである。

概念が充実していく過程は、自己を確信した行動する精神と、宗教との二つの場面で進行する。自己を確信する行動精神の場合、形式のうちに行動がふくまれる以上、形式は自己としてあらわれ、自己が絶対精神の生活を実践する。ここにあらわれた精神の形態は、単一の概念が永遠の存在を放棄し、世の中に身を投じて、行動に出たものである。分裂してこの世に出てくるのは、純粋な概念なるものが絶対に抽象的であり、みずからを否定していくものだからである。同様に、現実に存在する力を自分のうちにもっているのは、純粋な知なるものが、単純なありのままのすがたにおいて存在でもあり本質でもあって、消極的な思考をも積極的な思考をもともども内にふくむものだからである（ヘーゲルは美しい魂の退屈な過程をさらに展開するのだが、結果として出てくるのは自己意識にほかならぬ知の純粋な普遍性である）。

概念の力によって内容と自己みずからの行為とが結びつく。なぜなら、概念とは、自己の内部の行為がありとあらゆる存在を包摂するのを知ることであり、この主体が実体であり、実体が行為の知であることを知ることだからだ。

(八) 精神の形態のうちに自己を知る精神、あるいは概念的な知。真理は潜在的に確信とぴったり一致するだけでなく、みずから自己確信の形態を取るのであって、真理が目に見えるものとしてあり、知の精神にたいして、その精神が自分を知るという形で存在するのである。真理は、宗教の内容となるときには、いまだ精神の確信と一致してはいない。一致するには、内容が自己という形を取らなくてはならない。そのとき、存在の本体たる概念が、存在の場にあらわれ、意識にとって対象の形を取る。存在と概念が一体化した場で意識にあらわれる精神、あるいは同じことだが、そうした場で意識によって生みだされる精神——それが「学問」である。

学問的な知の性質と要素と運動は、自己意識が純粋に自己と向き合ったもの、といいあらわされる。ここでは自我が、ほかならぬこの自我でありながら、そのままの姿で他と交流し、個としての自己を克服して一般的な自我となっている。自我は自分とは区別される内容をもつが、それは自我が純粋な否定の力をもって自己分裂を引き起こし、意識となっているからである。この内容は自我と区別されつつ、やはり自我なのであって、というのも、内容は自己を克服していく運動であって、自我と同じ純粋な否定の力をもつからである。自我は、自分とは区別される内容のうちで自分へと還っていき、内容は、自我が他なる内容のうちで自分を保持するからこそ、概念としてとらえられる。

この内容は、はっきりいって、いまいう運動以外のなにものでもない。内容となる精神とは、対象世界に概念の形をとって存在することによって、自分をくぐりぬけ、自分が精神であることを自覚する精神なのだから。

が、こうした概念の存在についていえば、現実の時間の流れのなかでは、精神が自分を意識するに至るまでは学問が登場してくることはない。精神が自分の本当の姿を知るようになるのは、その不完全な形態を乗りこえて、本質に根ざした形態を意識の前に提示し、こうして意識と自己意識とを和解させるようになるまで待たねばならない。

神はいまだ自己を欠いた存在として隠されていて、意識の自己確信だけが明らかなものである。時間と歴史との関係。概念にかかわる精神は時間を抹殺する。経験と知、および、実体が主体に、意識の対象が自己意識の対象に、つまり、対象性を克服した概念に、転化していく過程。自分へと還っていくこの過程を通して初めて、精神は本来の精神となる。精神がこのようにさまざまな段階を内にかかえこまざるをえない以上、その全体は単一の自己意識の対極にあるものとして直観される。そして、全体がさまざまな段階にわかれるとき、その区別は、純粋な概念や、時間や、潜在的な内容の上での区別としてあらわれる。実体は、主体であるからには、自分がもともと精神であることを自分のもとで示さねばならない。そういう内面的な必然性を背負っている。そのことを対象世界において完全に表現することが、同時に、実体が自分へと還り、自己へと到達することにほかならない。したがって、精神がそれ自体で、つまり、世界精神として、完成されないかぎり、自己意識をもつ人間精神が完成されることはありえない。とすれば、宗教の内容が学問に先んじて精神とはなにかを言明することになるが、精神が真に精神を知るといった事態は、学問においてしかなりたたない。……精神がおのれを知る運動や形式を生み出すのは、

解説

長谷川 宏

『経済学・哲学草稿』は一冊の書物としては、はなはだ中途半端な、不完全な作品である。

草稿が書かれたのは一八四四年、マルクス二六歳のときだ。公表を意図しての執筆だったが、下書きの途中でマルクスが投げ出す形になって、草稿は完成しなかった。当然、マルクスの生前には公表されることがなかった。草稿が初めて日の目を見たのは、マルクスの死後四九年経った一九三二年のことだった。

草稿が途中で放り出されて完成稿に至らなかったことが本の不完全さの最大の要因だが、それだけではない。マルクスの書き残した草稿の一部が紛失してまでいるのだ。この本の117ページをご覧いただきたい。「一．私有財産の支配力」という見出しのすぐ横に〔12ページ分の草稿紛失〕とある。第一草稿全体の¾に当たる部分が無くなっているのだ。紛失をまぬかれた部分がこの文庫本で12ページほどになるから、紛失部分はその3倍として36ページに相当することになる。しかも、第三草稿の「一・私有財産と労働」および「二・社会的存在としての人間」は、第二草稿の二つの箇所にたいする補足説明の形を取っているが、その二つの箇所が紛失のページにふくまれる。つまり、本論がなく補論だけがあるというおかしなことになっている。

ついでにいえば、本書222ページ〔以下、草稿の左側がちぎれて紛失しているので判読不可能〕、226ページ〔このあと、三行ほど原文が欠けている〕といった小さな欠損もある。

ということは、公刊の条件の整わないものをあえて一冊の本に仕立て上げたもの、それが『経済学・哲学草稿』だということだ。

本の欠点をあげつらう書き出しになったが、駄目な本だと思ってそう書くのではない。そんな中途半端な、不完全な本だが、にもかかわらず、丁寧に読めば、マルクスのほかの著作にはない青年期の輝くような思考や思想をそこに見つけることができる。それがわたしの本当の思いで、だからこそ訳に手を染める気にもなったのだ。前後の脈絡をつけにくい本だが、それは草稿が未完成だからでいたしかたない。前後のつながらないところは、読者も気持ちを切り換えて、そこから新しく論が始まるようなつもりで読みすすんでほしい。すると、そこに別の視界が開けてくるはずだ。そんな思いがあって、草稿の不出来なありさまに言及することになったのだ。

以下、読む上で大切だと思われる事柄にふれておきたい。

1

題名の〝経済学・哲学草稿〟は一九三二年の初公刊のときに編者がつけたものだが、いい命名だ。青年マルクスが経済学と哲学の交叉点に身を置いて社会の現実にせまろうとしているさまをいい当てているからだ。

一方に、産業革命以後、急速に工業化への道を進みつつある資本主義社会を分析する国民経済学がある。アダム・スミス、セイ、リカード、ジェームズ・ミル、シュルツなどが代表的な論客で、マルクス自身、この本のあちこちでかれらの言を引用している。他方に、ヘーゲル哲学を引き継ぐ形で宗教批判を強め、新しい人間学を模索する批判哲学がある。フォイエルバッハ、シュトラウス、ブルーノ・バウアーなどがその系列の哲学者だ。

青年マルクスは、国民経済学からも批判哲学からも多くを学びながら、そのいずれにも同調しない。多くを学びつつも、そのいずれをも根源的に批判し、みずからの新しい思想ないし学問を打ち立てようとする。それは、経済学と哲学の交わるところに成立するような思想であり、学問だ。第一草稿の「四．疎外された労働」と第三草稿の「二．社会的存在としての人間」にその萌芽を見てとることができる。

〝経済学・哲学草稿〟という題名に従って単純に割り切れば、第三草稿の「三．ヘーゲルの弁証法と哲学一般の批判」と、付録「『精神現象学』の最終章「絶対知」からの抜き書き」の二つが哲学の草稿で、それ以外が経済学の草稿となろうが、その割り切りは本の魅力を損《そこな》うおそれがある。さきに挙げた第一草稿の「四」と第三草稿の「二」は本書のなかでも青年マルクスの生き生きとした思考がもっとも躍動する章だが、その躍動は経済学の枠に納まるものではなく、まさしく経済学的思考と哲学的思考がぶつかり合い、せめぎ合うなかで醸《かも》し出されたものだからだ。

たとえば、第一草稿の「四」につぎのような文言がある。

動物は、その生命活動と隙間なくぴったり一体化している。動物は生命活動そのものだ。たいして人間は、生命活動を意志と意識の対象とする。生命活動を意識的におこなうわけで、生命活動とぴったり一致してはいない。意識的な生命活動をおこなう点で、人間は動物的な生命活動から袂《たもと》を分かつ。そのことによって初めて人間は類的存在である。いいかえれば、人間はまさしく類的存在であることによって、意識的な存在であり、みずからの生活を対象とする存在である。だからこそ、その活動は自由な活動なのだ。（本書102ページ）

「生命活動」「意志」「意識」「類的存在」といったことばは哲学になじみの深い用語だが、人間と動物を対比したこの一節のなかでそれらの用語が見事に生きている。資本主義社会において疎外された労働を、疎外のむこうにある人間の本質とかかわらせることによって自由な生命活動ととらえる。そういう哲学的思考がここには働き、その思考の躍動が用語に生気をあたえているのだ。

そして、人間本来の生命活動は、人間の意志と意識に導かれるものであるとともに、人間と自然との根本的な交流を示すものでもある。

人間が動物を超えて普遍的になればなるほど、人間の依存する非有機的自然の広がりも普遍的になる。植物、動物、石、空気、光などが人間の意識に入りこみ、理論的な面では、ときに自然科学の対象に、ときに芸術の対象となって、精神的な非有機的自然ないし精神的な生活手段として、加工した上で享受され消化される。と同時に、植物、動物、石その他は、実践的な面でも、人間の生活と活動の一部をなしている。自然の産物のあらわれかたは、栄養、燃料、衣服、住居など種々雑多だが、肉体的存在としての人間は、そのような自然物に依存しないでは生きていけない。人間の普遍性は、実践的には、まさしく人間が自然の全体を自分の非有機的身体とする普遍性のうちにあらわれるので、そこでは、自然の全体が直接の生活手段であるとともに、人間の生命活動の素材や対象や道具になっている。自然とは、それ自体が人間の身体ではないかぎりで、人間の非有機的な肉体である。人間が自然に依存して生きているということは、自然が人間の肉体だということであり、人間は死なないためにはたえず自然と交流しなければならないということだ。人間の肉体的・精神的生活が自然と結びついているということは、自然が自然と結びついているというのと同じだ。人間は自然の一部なのだから。（本書100〜101ページ）

自然と人間がこのように根源的に、ゆたかに結びつき、交流するさまを、青年マルクスは自然主義とも人間主義とも名づける。そして、そういう結合と交流のなかで営まれ、結合と交流をさらに強固で奥深いものにする労働を、自然にも人間にもかなった労働だと考える。だが、私有財産の支配が生産の全域に及ぶ資本主義社会にあっては、自然主義と人間主義に立脚した本質的な労働が疎外された労働に転化せざるをえないのだった。

2

「疎外」ということば、そしてそれに相似た「外化」ということばについては、説明しておいたほうがいいだろう。

どちらもヘーゲルが『精神現象学』その他の著作や講義で使い、マルクスはそれを引き継いで使っているのだが、まず注意すべきは、肯定・否定の両面の意味をもつ用語だということだ。たとえば、わたしがパン作りを思い立ったとする。思い立っただけではパンは出来ず、体を動かして思いを実現しなければならない。材料となる小麦粉や酵母や砂糖や食塩やバターをそろえ、量を調整し味加減を按配した上で材料をこね合わせ、オーブンで焼かねばならない。そのように、パンを作ろうという意志を実行に移し、実際にパンを作り上げること、それが肯定的な意味での「疎外」ないし「外化」だ。内面の思いを外へと押し出し、外界において実現するという意味での「疎外」ないし「外化」だ。ところで、自分の意志でパン作りを思い立ち、自分が台所に立ってパンを作ったというなら、そのパンは自分のものだし、自分で食べるのも他人にふるまうのも自由だが、パン工場で働く労働者となるとそうはいかない。作ったパンは労働者のものではないし、労働者が自由に扱えるというものではない。かれが（あるいは、かれらが）作ったことはまちがいないが、作ったパンはかれの（あるいは、かれらの）ものではなく、かれ（ら）とは別のだれかのものだ。そのように、労働の生産物が、作り出した労働者とは別の人間の所有物となり、当の労働者にとってよそよそしいものとなること、それが否定的な意味での「疎外」ないし「外化」だ。

が、否定的な「疎外」ないし「外化」は、労働の生産物が他人のものに、よそよそしいものになるところに示されるだけではない。パン工場の労働は、パン作りの計画も、製造の手順や役割分担や時間割りも、労働者自身が決めたというより、他人の決定に労働者が従わされているといった形を取る。労働の生産物が他人のもの、よそよそしいものになっているだけでなく、労働そのものが他人のもの、よそよそしいものになっていて、それも「疎外」ないし「外化」の名で呼ばれる。

マルクス自身の言うところを聞こう。

さて、労働の外化とはどんな形を取るのか。

第一に、労働が労働者にとって外的なもの、かれの本質とは別のものという形を取る。となると、かれは労働のなかで自分を肯定するのではなく否定し、心地よく感じるのではなく不仕合わせに感じ、肉体的・精神的エネルギーをのびのびと外に開くのではなく、肉体をすりへらし、精神を荒廃させる。だから、労働者は労働の外で初めて自分を取りもどし、労働のなかでは自分を亡《な》くしている。労働していないときに安らぎの境地にあり、労働しているときは安らげない。かれの労働は自由意志にもとづくものではなく、他から強制された強制労働だ。欲求を満足させるものではなく、自分の外にある欲求を満足させる手段にすぎない。肉体的強制その他が存在しないとき、労働がペストのように忌み嫌われ遠ざけられるところに、労働のよそよそしさがはっきりと示されている。外からやってきて人間を外化する労働は、自己犠牲の労働であり、辛苦の労働なのだ。最後に、労働が労働者にとって外的なものだということは、労働がかれ自身のものではなく他人のものであり、他人に属すること、労働のなかでかれが自分ではなく他人に帰属していることのうちに見てとれる。（本書97〜98ページ）

これが、疎外された労働のすがただ。いま世上をにぎわす「派遣労働」の問題点を、青年マルクスはいまから一七〇年ほども前にしっかりと見据えていたといえようか。

以上、「疎外」ないし「外化」という用語が肯定の意味と否定の意味とを合わせもつことを分かってもらえただろうか。

その上で、「疎外」と「外化」との微妙なちがいにも触れておくと、人間の内面的な意志や意識が現実の物や出来事となって実現される、という肯定的な意味のときは「疎外」よりも「外化」が使用されることが多く、実現された物や実現の行為が他人に奪い取られるという否定的な意味のときは「疎外」の使用率が高い。

とはいえ、全体を見わたすと、いまいう微妙なちがいよりも、「疎外」にしても

「外化」にしても、肯定・否定の二つの意味のうち否定的な意味で使われることが圧倒的に多い、という事実のほうが強く印象に残る。資本主義批判を大きなねらいの一つとする草稿の性格からして、そうなるのは当然のことだが、しかし、わたしたちは肯定的な意味での「外化」ないし「疎外」のありようにも十分に意を用いるべきだと思う。若きマルクスの柔軟にして奥行きのある哲学思考がそこに息づいているのだから。

3

疎外された労働のそのむこうには、人間と自然がゆたかに交流する本来の労働がある。人間が人間として働くかぎり、疎外された労働のなかでも本来の労働がまったく消えてなくなることはない。疎外された労働のなかにも労働の喜びは宿る。本来の労働が呼びさます喜びだ。本来の労働が完全に消滅すれば、労働の喜びはなくなるし、疎外を疎外と感じる心もなくなるだろう。そういう疎外の極限状態を観念的に想定しつつ、しかし他方、マルクスは疎外された現実の労働のうらに、あるいはそのむこうに、本来の労働のすがたを透視しないではいられなかった。

本来の労働は人間と自然との自由な関係の上になりたち、その関係をゆたかに発展させていくものであるとともに、人間と人間との自由な関係の上になりたち、その関係を――人間の社会的関係を――ゆたかに発展させていくものでもある。労働が社会的性格をもつこと、もたざるをえないこと、もっと根本的に、人間にとって生きるとは人との交わりのなかで社会的に生きることであること、――そのことを簡潔に力強く主張するのが、第三草稿の「二 社会的存在としての人間」だ。いまその一節を引く。

社会そのものが人間を人間として生産するとともに、逆に、社会が人間によって生産される。〔人間の〕活動と享受は、その内容からしても存在様式からしても、社会的だ。社会的活動であり社会的享受だ。自然の人間的本質は社会的な人間によって初めて自覚される。というのも、社会的な人間にとって初めて、自然の人間的本質が人間をつなぐ絆《きずな》として、自分と他人のたがいに出会う場として、また、人間の現実に生きる場として自覚されるからだし、みずからの人間的な生活の基礎として自覚されるからだ。社会的な人間にとって初めて、その自然な生活が人間的な生活となり、自然が人間化される。だとすれば、社会とは、人間と自然とをその本質において統一するものであり、自然の真の復活であり、人間の自然主義の達成であり、自然の人間主義の達成である。(本書148〜149ページ)

人間と人間とが自由に交流し、その交流のなかで、人間であることの、人間として生きることの、意味と価値を人間が自覚する場、——それが青年マルクスにとって社会の本来のすがただった。

人間と自然と社会という三項のあいだの、生き生きとした自由な交流が現実世界の土台に据えられている。三項のそれぞれに内在する生命が自在に行き交うさまを、自然に引き寄せてとらえればそれは自然にかなう自然主義と呼ばれ、人間に引き寄せてとらえれば人間にかなう人間主義と呼ばれる。当然、社会に引き寄せてとらえれば社会にかなう社会主義と呼ばれよう。マルクスの構想する共産主義は、人間と自然と社会が生き生きと交流する社会主義の、その延長線上にあるものだった。

以上、一般に経済学的な草稿と見なされるもののうちに、青年マルクスの哲学的思考が息づくさまを分かってもらえただろうか。

4

経済学的草稿に見てとれる経済学的思考については、あまりいうべきことがない。

経済学的思考がまとまった形で展開されるのは、第一草稿の「一・賃金」「二・資本の利潤」「三・地代」においてで、この三章は資本主義社会を構成する三大階級——労働者、資本家、地主——に対応する。が、この三章は、資本主義社会の階級構造や三大階級の対立・矛盾をマルクスがみずから分析してみせるのではなく、国民経済学者たち（シュルツ、ペクール、ビュレ、スミス、セイ、リカード、シスモンディなど）の著作からのたくさんの引用によって対立・矛盾を浮かび上がらせるという書きかたになっている。「一・賃金」は約半分が引用、「二・資本の利潤」はほとんどすべてが引用、「三・地代」は三分の二が引用、といった具合だ。この三章を書き終わったところで、マルクス自身こういっている。

> わたしたちは国民経済学が前提とする事実から出発したし、国民経済学の用語と

法則を受けいれてきた。私有財産や、労働と資本と土地の分離や、賃金と利潤と地代の分離や、分業や、競争や、交換価値の概念などをもとに話を進めてきた。国民経済学から出発し、国民経済学の用語を使って、労働者が商品へと——悲惨この上ない商品へと——貶《おとし》められることを示してきた。労働者の悲惨さがかれの生産力に反比例すること、競争の結果として少数の人々の手に資本が集積され、恐るべき独占が再現せざるをえないこと、そして最終的に、資本家と地主、農民と工場労働者の区別が消滅し、社会の全体が所有者階級と非所有の労働者階級との二つに分かれていくことを示してきた。（本書89ページ）

このように、国民経済学に寄りそいつつ資本主義社会の苛酷さを浮き彫りにしてきたマルクスだが、その一方で、かれは国民経済学の論述には強い批判をもっていた。国民経済学はさまざまな経済現象をばらばらに記述するだけで、現象と現象とのあいだの必然的な関係を概念的に把握してはいない、という批判だ。ヘーゲルに親しみ、ヘーゲルの徒をもって任ずるマルクスにふさわしい批判だが、中途半端のこの草稿では、経済現象間の必然的な関係を概念的に把握するような論の展開は望むべくもない。

その展開は、のちの『経済学批判』や『資本論』全三巻を俟《ま》たねばならない。

これまで取り上げることのなかった経済学的草稿について簡単に触れておくと、第二草稿の「一．私有財産の支配力」と第三草稿の「四．欲求と窮乏」は、第一草稿の三章で述べられた事柄を別の観点をも取りこんで再説したものといってよい。第三草稿の「五．分業」は、これまた国民経済学者からの引用が半分強を占める章だが、分業という単一テーマに即して国民経済学のものの見かたを特徴づけるとともに、各論者のあいだに見られる差異にも言及がなされる。もう一つ、第三草稿の「六．お金」は、経済学から文学に飛んで、ゲーテの『ファウスト』とシェイクスピアの『アテネのタイモン』からの引用文をもとに、資本主義社会におけるお金の魔力と魅力を分析したものだ。『資本論』の序文にもダンテの『神曲』からの引用文が掲げられるが、この章などを読むと、マルクスの文学的資質といったものを考えてみたくもなる。普通は「貨幣」と訳される章題をあえて「お金」としたのは、話柄の俗っぽさを題名に反映させたいと思ったからだ。

5

最後に、第三草稿の「三.ヘーゲルの弁証法と哲学一般の批判」と、付録の「『精神現象学』の最終章「絶対知」からの抜き書き」についてことばを費さねばならない。もっとも、付録については、254ページの（　）内の五行だけがマルクスの追加した箇所で、それ以外はすべて抜き書きであることを確認するだけでよい。『精神現象学』の最終章の三分の二が抜き書きされ、最後は尻切れとんぼで終わっている。予定では、抜き書きをもとにヘーゲル批判を展開するつもりだったようだが（本書179～180ページ参照）、それはなされないままに終わった。

第三草稿の第三章は、ヘーゲルの『精神現象学』——とくに、その自己意識論——と『論理学』を相手に、ヘーゲルの思考の観念性を批判しようとしたものだ。ヘーゲル批判の論文としては『経済学・哲学草稿』以前に「ヘーゲル国法論の批判」と「ヘーゲル法哲学の批判・序説」があるが、この二つはヘーゲルの『法哲学』を俎上《そじょう》に載せたもので、同じくヘーゲルの思考の観念性を批判したといっても、本書のヘーゲル批判論よりも格段に分かりやすい。本書の批判は、取り上げた『論理学』と『精神現象学』が難解なだけに、批判も複雑に入りくんだものとなった。ここでは、ヘーゲルとマルクスのあいだに介在するフォイエルバッハ、シュトラウス、ブルーノ・バウアーなどはぬきにして、もっぱらヘーゲルとマルクスの対立の構図に光を当てたい。

『精神現象学』の自己意識論の末尾に、「理性とは、個の意識でありながらすべての物に絶対的に即応している、という意識の確信だ」ということばがある。ヘーゲル哲学の核心をなすものの考えかただ。ここから考えていこう。

意識は大小さまざまな経験のなかで認識を広め、知を高めていく。意識にとって対象を知るということは、対象のなかに入りこみ、対象と一体化し、対象を自分のものにすることだ。それが可能なのは、対象と意識とを刺しつらぬくような理性が世界を支配しているからだ。自然の法則や、社会の慣習や法律や道徳律や、人間の合理的思考は、世界大の普遍的理性のあらわれにほかならない。

天をも地をも、自然界をも人間界をもつらぬくこの理性は、宗教的に表現すれば、神の摂理ということになる。世界を創造した神は理性をもって創造したというわけだ。

それはどんな理性なのか。神の理性が人知を超えているとはヘーゲルは考えない。神の理性が世界を存在させ、人間を存在させたとすれば、神の理性は存在の論理にほかならず、人間の理性は、理性である以上、存在の論理を知ることができる。そうヘーゲルは考える。その考えに支えられてみずから存在の論理の探究へと乗り出し、その成果を哲学的に表現したのが『論理学』だ。

『精神現象学』における意識のさまざまな経験は、普遍的な理性に一歩一歩近づいていく過程であり、そういう理性の存在を確信していく過程だ。そして、自己意識の経験の最終段階で、「すべての物に絶対的に即応している、という意識の確信」が生まれる。

生まれたばかりの確信を胸に、意識はさらに数々の社会的・政治的・歴史的・道徳的・宗教的な経験を重ね、最終的に「絶対知」へとたどり着く。「すべての物に（世界に）絶対的に即応している、という意識の確信」が普遍的な知として確立されるのが「絶対知」だ。あるいは、普遍的な理性と普遍的な知が完全無欠な形で重なり合うのが「絶対知」だ。

さて、「絶対知」というこの終点から意識の経験を振り返ると、知が世界大に広がって普遍的な理性と一体化することが、経験のねらいであり本質であったということになる。世界の無数の社会的・政治的・歴史的・道徳的・宗教的な事象のうちに意識が入りこみ、それを自己として知り、知へと昇華することが自己意識の経験だったということになる。

理性につらぬかれた世界と対峙しつつ、みずからも理性的存在である意識がこれと知的にかかわる。そこにこそ人間の経験の根本のすがたがあると考えるヘーゲルに、若きマルクスは強い違和感を覚えた。

自己とは抽象的にとらえられ、抽象によって作り出された人間にすぎない。人間は自己としてある存在であり、人間の目や耳などは自己に根ざし、人間本来の能力の一つ一つは自己という特質をもっている。が、だからといって、自己意識が目や耳や本来の能力をもつとはいえない。それはまったくのまちがいだ。自己意識は、むしろ、人間という自然体の——人間の目などの——一性質であって、人間という自然体が自己意識の一性質なのではない。

それだけ独立に抽出され固定された自己は、抽象的なエゴイストとしての人間

であり、純粋な抽象領域において思考へと高められたエゴイズムである。（本書181ページ）

自己に回収されない人間という自然体、そして、自己意識の観念世界にからめとられない現実の自然や人間や社会や歴史——マルクスはそこに知を超える経験の場を見ようとしたのだった。次のヘーゲル批判は、人間と自然と社会の三者にたいし、生きて動く具体的な現実として向き合おうとしたマルクスを思いつつ読むと、真意を汲みとりやすいかもしれない。

知は意識の唯一の行為である。だから、なにかが意識にたいしてあるには、意識がこのなにかを知らねばならない。（中略）いまや意識は対象の無を——すなわち、対象が意識から区別されないこと、対象が意識にたいして存在しないことを——知るのだが、それを知るのは、対象をおのれの自己外化として知ること、つまり、自己を——対象としての知を——知ることによってである。その知がなりたつのは、対象が見せかけの対象にすぎず、目くらましの煙幕にすぎず、その本質からして知以外のなにものでもないことによる。(中略)いいかえれば、知は一つの対象とかかわるとき、自分の外にあり、自分を外化しているにすぎないのであって、みずからが対象としてあらわれるにすぎず、対象としてあらわれるものは知自身にすぎない。そのことを知は知っているのである。

他方、そこには同時にもう一つの要素がふくまれる、とヘーゲルは言う。つまり、意識がこの外化と対象性を破棄し、自分のうちへと還ってきているという要素、したがって、他なる存在のもとにあっても自己を失ってはいないという要素が、そこにふくまれる、と。

このような説明のうちに観念的思考の幻想がすべて露出している。(本書190〜191ページ)

引用文中に「自己外化」とか「外化」ということばが出てくる。さきに述べた区分に従えば、肯定的な意味で使われているが、その外化が知の抽象領域にとどまって実践的かつ具体的な外化に至らないところに、マルクスはヘーゲルの思考の観念性を読みとっていた。知の抽象領域にとどまるかぎり、否定的な外化ないし疎外も人間を非人間的な境遇へと追いやる具体的な悲惨とはとらえられないし、疎外の克服も現実的な人間の解放に結びつかない。ヘーゲル批判の根底にはそんなマルクスの思いがあった。

マルクス年譜

一八一八年

五月五日、プロイセン王国治下のトリーアで、弁護士の父ハインリヒ・マルクスと母アンリエットとの間に生まれる。

一八三〇年　一二歳

トリーアのギムナジウムに入学。

一八三五年　一七歳

一〇月、法律学研究のためボン大学に入学、一年後にベルリン大学に移る。

一八三六年　一八歳

姉の友人で検事総長の娘だった四歳年上のイェニー・フォン・ヴェストファーレンと婚約。

一八三七年　一九歳

ベルリン大学のヘーゲル学派の文筆サークル「ドクトル・クラブ」に入り、ブルーノ・バウアーらと知り合う。

一八三八年　二〇歳

五月、父ハインリヒ死去。

一八四一年　二三歳

イエナ大学で学位をうける。学位論文は「デモクリトスとエピクロスの自然哲学の相違について」。

一八四二年　二四歳
前年の創刊に携わった「ライン新聞」の主筆を務める。
一一月下旬、生涯の友、フリードリヒ・エンゲルスと知り合う。

一八四三年　二五歳
三月、「ライン新聞」主筆を辞任。六月、イェニーと結婚。
一〇月、パリ移住。「ヘーゲル国法論の批判」を執筆。

一八四四年　二六歳
二月に刊行された「独仏年報」誌第一号に「ヘーゲル法哲学の批判・序説」「ユダヤ人問題のために」を掲載。
五月、長女ジェニー誕生。『経済学・哲学草稿』第一稿を執筆。

一八四五年　二七歳
九月、次女ラウラ誕生。翌年にかけてエンゲルスと共同で『ドイツ・イデオロギー』を執筆。

一八四七年　二九歳
一月、長男エドガー誕生。
六月、「共産主義者同盟」第一回大会がロンドンで開催。
七月、プルードンの『貧困の哲学』を批判した『哲学の貧困』を刊行。
一一月、「共産主義者同盟」第二回大会に出席、エンゲルスとともに作成した綱領と戦術の原則が採択され、「共産党宣言」の起草を委嘱される。

一八四八年　三〇歳
二月、フランスで二月革命起こる。エ

ンゲルスとの共著『共産党宣言』をロンドンで刊行。
三月から四月、ウィーンでの三月革命勃発を機にパリよりケルンに赴く。
六月、「新ライン新聞」を発刊するが、その急進性により政府による弾圧、株主たちの出資拒否による財政難に苦しむ。

一八四九年　三一歳
五月、ケルン追放令が出され「新ライン新聞」の最終号が赤刷りで発行された。
八月、ロンドンに永久的に居を定める。
九月、マルクスの指導下に共産主義者同盟中央委員会が再建される。

一八五〇年　三二歳
経済学の研究の仕事を再開し、大英博物館に通い始める。
一一月、エンゲルスがエルメン・エンゲルス商会に再就職、以降約二〇年間勤務し、窮乏にあえぐマルクス一家を経済的に援助する。

一八五一年　三三歳
三月、三女フランチェスカ誕生。

一八五二年　三四歳
四月、三女フランチェスカ死去。葬式代を借りるなどその後の数年間、一家は極貧生活を送る。
五月、『ルイ・ボナパルトのブリュメール一八日』がニューヨークで出版される。

一八五五年　三七歳

一月、四女エレナ誕生。
四月、長男エドガー死去。

一八五九年　四一歳
六月、経済学の研究に没頭していたマルクスが、初めての体系的著作『経済学批判』を刊行する。

一八六四年　四六歳
九月、ロンドンで第一インターナショナル創設、委員に選出される。

一八六五年　四七歳
第一インターナショナル中央委員会で「価値、価格および利潤」について講演（のちに『賃金、価格および利潤』として刊行）。

一八六七年　四九歳
九月、『資本論』第一巻刊行。

一八六九年　五一歳
第一インターナショナルをめぐり、バクーニンらと対立。

一八七一年　五三歳
三月から五月、民衆蜂起による世界初の労働者階級の自治による政権、パリ・コンミューン成立。マルクスはパリ・コンミューンあてに「檄文」を書きあげるが、ブルジョア新聞側からの激しい非難を引き起こす。

一八七五年　五七歳
五月、ドイツ社会民主労働者党と一般ドイツ労働者協会が合同し、ドイツ社会主義労働党成立。その「合同綱領草案」を批判した「ドイツ労働者党綱領評注」（通称「ゴータ綱領批判」）を発表。

一八八一年　　　　　　　　六三歳
一二月、妻イェニー、肝臓ガンで死去。享年六七。

一八八三年
一月、長女ジェニー死去。
三月一四日、マルクス、肘掛け椅子に座ったまま逝去。享年六四。一七日、ハイゲート墓地の夫人のかたわらに埋葬された。

一八八五年
マルクス没後、遺された膨大な草稿にもとづき、彼の遺志を継いだエンゲルスが『資本論』第二巻を、さらに九四年には第三巻を編集・刊行する。

訳者あとがき

学生時代に〝初期マルクス〟ということばをよく耳にした。著作としては「ユダヤ人問題のために」や「ヘーゲル法哲学の批判・序説」や「経済学・哲学草稿」（「草稿」というより「手稿」といわれるほうが多かったように記憶する）や「ドイツ・イデオロギー」などが初期マルクスだった。

一九五〇年代から六〇年代にかけての政治の季節のこととして、マルクスといえば、なにより髭《ひげ》もじゃの革命思想家のことだったが、初期マルクスというと、共産主義者として立つ前の、現実と思想的に格闘する初々しい青年像が思いうかぶようだった。安保闘争の高揚期にはそんな余裕はなかったが、潮が引いたあとでは数人で集まって初期マルクスの読書会を催したりもした。

が、初々しいイメージとは裏腹に、初期マルクスの著作はどれも読みやすくなかった。論旨を性急に政治革命に結びつけようとするこちらの読みかたにも問題があったたが、それ以上に、マルクスの文章がぎくしゃくし、論がなだらかに前へと進まないのが読みにくさの原因だった。読書会は翻訳書をテキストにしていて、訳文のぎこちなさに困惑したが、のちにドイツ語原文にも当たるようになって、原文が原文でこれまた読みすすむのに難渋することが分かった。初期マルクスの著作は、完成稿・未定稿を問わず、一様に、「心あまりて、ことばたらず」といったところがあるのだ。

その感じはいまも変わらないから、そのうちの一書を訳す仕儀になったのはわれながら妙なめぐり合わせだったと改めて思う。

きっかけは、去年の五月から六月にかけ岩波市民セミナーで初期マルクスについての四回連続の講座を受けもったことにある。

四回のうちの二回を『経済学・哲学草稿』の話に割りふり、第一草稿の「四．疎外された労働」と第三草稿の「二．社会的存在としての人間」をテキストにしたのだが、既成の訳文を使う気になれない。手に入りやすいものとしては岩波文庫（城塚登・田中吉六訳）と筑摩書房「マルクス・コレクションI」（村岡晋一訳）とがあるが、どちらも文章がなんとも堅苦しい。二つのテキストをもとに若きマルクスの自然観・労働観・社会観の瑞々《みずみず》しさを語りたいわたしには、訳文の堅苦しさが気になって仕方がない。やむなく、自分で新しく訳文を作ることにした。時間に追われての翻訳だったから、文のあちこちに詰めの甘いところが残ったが、聴講者のあいだでは分かりやすいと好評だった。その声に励まされて、それから半年をかけてなんとか全文を訳し終えたという次第だ。

翻訳に当たっては、*Karl Marx/Friedrich Engels Werke* Ergänzungsband: *Schriften, Manuskripte, Briefe bis 1844*, Erster Teil, Herausgegeben vom Institut für Marxismus-Leninismus, Dietz Verlag, Berlin 1968を底本とし、*Marx/Engels Gesamtausgabe*, Erste Abteilung Band 2, Dietz Verlag, Berlin 1982を参照した。各章の配列や章の標題など、読みやすさを考えて変更したところがある。

本がなるに当たっては、光文社翻訳編集部の中町俊伸さんに尽力いただいた。感謝する。

二〇一〇年三月三日

長谷川宏

本文中、今日の観点からみて、差別的な用語・表現が含まれています。しかしながら、マルクスが原稿を執筆した時代において、癩病は伝染性の強い病と見なされ、差別的生活を患者が強いられていた時代でした。第二次世界大戦後、特効薬が普及し、完全治癒が可能となり、隔離される必要もありません。現在はハンセン病という言葉の使用を学会が決めていますが、作品が書かれた当時の時代背景、また作品の内容を考えて当時の言葉を使用しました。読者の皆様にご理解をいただきますようお願いいたします。

〔編集部〕

kobunsha classics
光文社古典新訳文庫

経済学《けいざいがく》・哲学草稿《てつがくそうこう》

著者　マルクス
訳者　長谷川《はせがわ》　宏《ひろし》

2010年6月20日　初版第1刷発行
2025年9月20日　　　第8刷発行

発行者　三宅貴久
印刷　大日本印刷
製本　大日本印刷

発行所　株式会社光文社
〒112-8011東京都文京区音羽1-16-6
電話　03（5395）8162（編集部）
03（5395）8116（書籍販売部）
03（5395）8125（制作部）
www.kobunsha.com

KOBUNSHA

ISBN978-4-334-75206-4 Printed in Japan

組版　新藤慶昌堂

いま、息をしている言葉で、もういちど古典を

長い年月をかけて世界中で読み継がれてきたのが古典です。奥の深い味わいある作品ばかりがそろっており、この「古典の森」に分け入ることは人生のもっとも大きな喜びであることに異論のある人はいないはずです。しかしながら、こんなに豊饒で魅力に満ちた古典を、なぜわたしたちはこれほどまで疎んじてきたのでしょうか。

ひとつには古臭い教養主義からの逃走だったのかもしれません。真面目に文学や思想を論じることは、ある種の権威化であるという思いから、その呪縛から逃れるために、教養そのものを否定しすぎてしまったのではないでしょうか。

いま、時代は大きな転換期を迎えています。まれに見るスピードで歴史が動いていくのを多くの人々が実感していると思います。

こんな時わたしたちを支え、導いてくれるものが古典なのです。「いま、息をしている言葉で」――光文社の古典新訳文庫は、さまよえる現代人の心の奥底まで届くような言葉で、古典を現代に蘇らせることを意図して創刊されました。気取らず、自由に、心の赴くままに、気軽に手に取って楽しめる古典作品を、新訳という光のもとに読者に届けていくこと。それがこの文庫の使命だとわたしたちは考えています。

このシリーズについてのご意見、ご感想、ご要望をハガキ、手紙、メール等で翻訳編集部までお寄せください。今後の企画の参考にさせていただきます。
メール　info@kotensinyaku.jp

光文社古典新訳文庫　好評既刊

純粋理性批判（全7巻）
カント／中山《なかやま》元《げん》●訳

西洋哲学における最高かつ最重要の哲学書。難解とされる多くの用語をごく一般的な用語に置き換え、分かりやすさを徹底した画期的新訳。初心者にも理解できる詳細な解説つき。

実践理性批判（全2巻）
カント／中山《なかやま》元《げん》●訳

人間の心にある欲求能力を批判し、理性の実践的使用のアプリオリな原理を考察したカントの第二批判。人間の意志の自由と倫理から道徳原理を確立させた近代道徳哲学の原典。

判断力批判（上・下）
カント／中山《なかやま》元《げん》●訳

美と崇高さを判断し、世界を目的論的に理解する力。自然の認識と道徳哲学の二つの領域をつなぐ判断力を分析した、カント批判哲学の集大成。「三批判書」個人全訳、完結！

道徳形而上学の基礎づけ
カント／中山《なかやま》元《げん》●訳

なぜ嘘をついてはいけないのか？　なぜ自殺をしてはいけないのか？　多くの実例をあげて道徳の原理を考察する本書は、きわめて現代的であり、いまこそ読まれるべき書である。

善悪の彼岸
ニーチェ／中山《なかやま》元《げん》●訳

西洋の近代哲学の限界を示し、新しい哲学の営みの道を拓こうとした、ニーチェ渾身の書。アフォリズムで書かれたその思想を、ニーチェの肉声が響いてくる画期的新訳で！

道徳の系譜学
ニーチェ／中山《なかやま》元《げん》●訳

『善悪の彼岸』の結論を引き継ぎながら、新しい道徳と新しい価値の可能性を探る本書によって、ニーチェの思想は現代と共鳴する。ニーチェがはじめて理解できる決定訳！

光文社古典新訳文庫　好評既刊

リヴァイアサン（全2巻）

ホッブズ／角田《つのだ》安正《やすまさ》◉訳

「万人の万人に対する闘争状態」とはいったい何なのか。この逆説をどう解消すれば平和が実現するのか。近代国家論の原点であり、西洋政治思想における最重要古典の代表的存在。

ニコマコス倫理学（上・下）

アリストテレス／渡辺《わたなべ》邦夫《くにお》・立花《たちばな》幸司《こうじ》◉訳

知恵、勇気、節制、正義とは何か？　意志の弱さ、愛と友人、そして快楽。もっとも古くて、もっとも現代的な究極の幸福論、究極の倫理学講義をアリストテレスの肉声が聞こえる新訳で！

詩　学

アリストテレス／三浦《みうら》洋《ひろし》◉訳

古代ギリシャ悲劇を分析し、「ストーリーの創作」として詩作について論じた西洋における芸術論の古典中の古典。二千年を超える今も多くの人々に刺激を与え続ける偉大な書物。

弁論術

アリストテレス／相澤《あいざわ》康隆《やすたか》◉訳

ロゴス（論理）、パトス（感情）、エートス（性格）による説得の技術を論じた書。善や美、不正などの概念を定義し、人間の感情と性格を分類。比喩などの表現についても分析する。

政治学（上・下）

アリストテレス／三浦《みうら》洋《ひろし》◉訳

「人間は国家を形成する動物である」。この有名な定義で知られるアリストテレスの主著の一つ。後世に大きな影響を与えた、プラトン『国家』に並ぶ政治哲学の最重要古典。

神学・政治論（上・下）

スピノザ／吉田《よしだ》量彦《かずひこ》◉訳

宗教と国家、個人の自由について根源的に考察したスピノザの思想こそ、今読むべき価値がある。破門と焚書で封じられた哲学者スピノザの〝過激な〟政治哲学、70年ぶりの待望の新訳！